PARENT
MAIS TOUJOURS VIVANT

- Parce qu'en rire a transformé ma vie -

SHIVA SHAFFII

PARENT
MAIS TOUJOURS VIVANT

- Parce qu'en rire a transformé ma vie -

W.
BOOKS
WITH PASSION

Je dédie ce livre…

… à mes parents, parce que si j'avais su, j'aurais été beaucoup plus gentille avec eux à l'adolescence. Je me souviens de leur avoir dit des choses assez dures qu'ils ne méritaient tout de même pas. (Je me rassure en me disant que, bientôt, ça sera mon tour, donc bon, ce n'est pas si grave au fond.) On ne se comprend pas sur tout, et ce ne sera jamais le cas, mais au bout du compte ce n'est pas si important, ce qui compte c'est que chacun ait essayé et fait de son mieux. Alors avec ce livre je souhaite également leur rendre hommage, et encore davantage depuis que j'ai découvert la difficulté d'élever des jumeaux, et les remercier pour tout leur amour, leurs failles, leur vie. Au milieu de tout ce chaos familial, ils m'ont apporté l'arme qui, à ce jour, m'a le plus servi dans la vie : l'humour et la dérision. Et ça, ça n'a pas de prix !

… à mes enfants adorés, inspirations quotidiennes, à la base de toutes mes activités professionnelles depuis leur naissance, qui me font rire chaque jour, m'épuisent et m'émerveillent, que je vois grandir si rapidement et sans qui ma vie serait sans doute moins fatigante mais bien fade.

… à tous les parents épuisés qui assurent avec leurs enfants, ceux qui se mettent un peu trop la pression par peur de mal faire, ceux qui craquent parfois parce qu'ils sont trop durs avec eux-mêmes, ceux qui essaient et ont décidé de rire un peu de tout cela. Alors les mamans épuisées, les papas épuisés, mais aussi les grands-parents épuisés, les tatas épuisées, les nounous épuisées, les professeurs des écoles épuisés (waouh ! ça en fait du monde !), en bref, tout ce petit monde qui tourne autour de l'éducation des enfants, on vous aime tous très forts, et maintenant, vous n'êtes plus seuls et c'est trop bon !

Sommaire

Stade 1 :

La découverte du joyeux monde parallèle de la parentalité

Stade 2 :

Le lâcher-prise

Avant-propos

Devenir parent, on peut dire ce qu'on veut, que c'est magnifique, que c'est incroyable, unique, waouh, c'est quand même aussi super épuisant. Fini les grasses mat', fini les apéros de dernière minute avec les copains, fini les soirées romantiques. Elles sont sympas les mamans blogueuses et les instagrameuses avec leurs vies parfaites, leurs sourires dentifrice, leurs cheveux brushingués, leurs salons design et bien rangés, mais ça serait bien de raconter la vraie vie un jour.

Quand j'ai eu mon premier enfant (et mon deuxième, parce que ça n'était pas assez épuisant), ce n'est absolument pas ce que j'ai vécu. Mon salon s'est mis à ressembler à un Disneystore, ma chambre à une crèche, ma salle de bain à un aquarium rempli d'animaux en plastique. Quant à moi, j'avais beau essayer de sauver la face, la seule chose à laquelle j'ai réussi à ressembler (mais super bien pour le coup), c'est à un zombie.

Je ne parle pas du couple, qui s'est transformé en équipe de garde aux urgences d'un hôpital pédiatrique. À part les « Mais où est le mouche-bébé ? Et je t'avais dit qu'il en fallait un électrique, là ça sert à rien ! » ou « C'est à ton tour, là j'en peux plus, j'en ai marre, c'est moi qui fais tout en plus d'avoir fait 99 % du boulot pour fabriquer l'enfant ! », les conversations n'étaient pas franchement excitantes et j'avais toujours l'impression que personne ne faisait rien de bien à part moi. (Ce qui est un peu vrai. Non, j'déconne.)

Quant à ma mère dont j'attendais des solutions miracle, elle semblait avoir totalement oublié ce qu'était un bébé. Mon père, cliché ou pas, je n'ai même pas pensé à lui demander quoi que ce soit. (Bravo.) En résumé, devenir parent, c'est de la joie, certes, mais c'est surtout le boxon. Un boxon qu'il va falloir apprendre à aimer, apprendre à domestiquer, apprendre à relativiser. Après bien des galères, des cris, des pleurs, des allers-retours aux urgences pour rien, et la sensation de devenir totalement azimutée, j'ai trouvé une arme redoutable : se marrer un bon coup.

Au milieu de tout ce chamboulement physique, émotionnel, de soi, du couple, de la vie tout court, au milieu de la pression extrême, entre l'éducation positive qui exige qu'on ne s'énerve pas alors qu'on ne dort plus, les méthodes Montessori qui nous transforment en éducateurs pédopsychiatres de pacotille (trier les jouets par couleur… on est sérieux, là ?) et ceux qui nous expliquent que si on n'a pas assuré avant 3 ans, nos enfants sont fichus, il vaut mieux trouver un socle et un allié pour ne pas sombrer.

Ce livre n'a aucune autre ambition que de partager mon expérience personnelle. Je ne prétends pas avoir ni la solution ni les outils contre le vrai burn-out parental. J'ai seulement envie de partager ce que j'ai pu apprendre et découvrir au cours de mes douze premières années de vie de maman. Je dois aussi vous dire une chose. J'ai un rire de chèvre. Mais vraiment un rire de chèvre. Et je suis sûre que ça n'est pas un hasard.

— STADE 1 —

LA DÉCOUVERTE DU JOYEUX MONDE PARALLÈLE de la parentalité

LE MONDE EST BINAIRE

Le jour où j'ai compris que les hommes et les femmes, c'est pas pareil

C'est drôle, jusqu'à ma première grossesse, j'étais complètement idéaliste, persuadée que les hommes et les femmes, c'était bien évidemment la même chose, que nos cerveaux fonctionnaient de la même façon et que seule la force physique pouvait éventuellement nous différencier. Je prenais même un malin plaisir à jouer la femme-homme, agacée par mes amies qui jouaient trop la caricature de la « femme faible » à mon goût (non, je ne veux pas plonger pour ne pas mouiller mes cheveux, non je ne peux pas allumer un barbecue… BEN SI, évidemment, une femme, ça peut tout faire !). Pour moi, c'était sûr, une fille pouvait aimer jouer aux petites voitures et un garçon jouer à la poupée, à partir du moment où l'exemple était montré par l'entourage et en premier lieu les parents.

C'est vrai que j'aimais beaucoup jouer à la poupée et pas du tout aux petites voitures, parce que je trouvais ça super naze et les gros moteurs, ce n'est pas mon truc, mais j'aimais aussi beaucoup courir et hurler comme un sagouin, et frapper ma sœur jumelle parce que… parce que qu'est-ce que ça soulage ! (On s'était quand même mis des règles : on n'avait pas le droit de faire quoi que ce soit qui puisse « laisser des traces ».
En gros, on pouvait s'étrangler mais pas se griffer la joue, ah ah ah !)
Bref, vous l'avez compris, si ce n'est la différence physique, un homme et une femme, c'était clairement interchangeable et ça me plaisait. J'avais des tas d'amis garçons avec qui je refaisais le monde et je trouvais ça super chouette.

Et puis, un jour, je suis tombée enceinte et j'ai découvert que tout ça, c'était un joli petit pipeau. En fait, les hormones, ça ne joue pas que sur l'excroissance entre les jambes, mais bien sur toute la façon de fonctionner et la façon d'appréhender les choses. Et voilà comment, sans bien m'en rendre compte, je me suis transformée en caricature de femme relou, et que j'ai enfin compris pourquoi on avait tellement envie de se charrier mutuellement sur à peu près tout entre hommes et femmes.

Pensée honteuse

C'est débile d'opposer les hommes et les femmes.

Mais j'avoue, quand j'ai vu passer l'article « L'intelligence serait transmise par les mères », ça ne m'a pas surprise.

La grossesse, une des plus belles périodes de la vie d'une femme...

... à condition de :

ne prendre que 9 kilos,

ne pas aller sur Doctissimo,

avoir une libido de dingue,

se trouver belle malgré les boutons et les cernes,

ne pas aimer le vin,

ne pas avoir de chat.

Quand tu découvres la psychorigide qui sommeille en toi

D'abord, et ça, on ne me l'avait pas dit, le jour où tu réalises que tu portes la vie, c'est quand même sacrément flippant. Tout le monde te félicite, tout le monde est super heureux pour toi, alors que toi tu sombres dans la panique la plus totale. « Mais, qu'est-ce que je dois faire maintenant ? J'ai le droit de manger quoi ? J'ai le droit de boire quoi ? De faire quoi ? Au secours, Maman, viens m'aider ! » Pour quelqu'un qui tient à son indépendance, c'est à la fois une merveilleuse nouvelle et un gouffre vertigineux. Au début, tu fais semblant. En tout cas, je faisais ça très bien, on m'a même dit de nombreuses fois que j'étais la femme enceinte « de rêve », parce que je n'avais pas pris beaucoup de poids. C'est à ce moment-là que tu développes une capacité assez impressionnante à jouer un double jeu, gardant toujours le sourire en société, ne refusant aucun dîner, aucune soirée parce que NON, je ne suis pas malade, j'ai juste un petit asticot qui grossit dans mon bidou, rien de grave, messieurs-dames, alors que tu passes ta vie à pourrir l'autre dès que vous vous retrouvez à deux.

Je ne sais pas pourquoi, dès que tu as un petit cœur qui bat dans ton ventre, le futur père te semble totalement à la ramasse. Et vu ma légère intolérance à la frustration, ça ne donne rien de très sympathique. Par exemple, moi, la femme-homme, je me suis mise à attendre qu'on m'ouvre la porte, qu'on me cède la place dans la queue ou dans les transports sans avoir à le demander, exigeant du futur père qu'il devienne mon ange gardien ou mon assistant de grossesse, si je puis dire.

Une fois où on faisait les courses, je peux vous dire que quand il m'a sorti « C'est bon, tu peux faire la queue, il n'y a que trois personnes », j'ai failli l'assassiner. Concrètement, le futur baby était devenu le boss, et le monde entier avait intérêt à se plier à ce nouvel équilibre mondial.

Un changement radical venait de me tomber dessus : j'avais envie d'être une petite princesse à qui on ne refuse rien, et le futur père n'avait rien vu venir. Avec ce bouleversement est arrivée la fameuse « charge mentale » que je n'arrivais ni à expliquer ni à partager.

Dès le moment où l'on apprend qu'on porte une autre vie en nous, une immense responsabilité nous tombe sur les épaules à laquelle, très sincèrement, personne ne m'avait vraiment préparée. D'un coup d'un seul, tu te retrouves seule garante du bon développement et de la santé du futur enfant, et c'est ton comportement qui doit changer et s'adapter à ces nouvelles contraintes. Pour une femme qui n'a jamais eu la toxoplasmose, par exemple, chaque repas devient un vrai cauchemar pour peu qu'il y ait un bout de feuille de salade dans l'assiette. C'était sûr, elle avait été mal lavée, et cette feuille seule allait m'anéantir. Le moindre légume est devenu suspect, presque ennemi juré. Je me suis transformée en sorte de louve à l'affût, scannant tout ce qui se trouvait dans un périmètre proche afin de me préparer à la prochaine attaque sournoise qui risquerait d'atteindre mon trésor caché. Qui peut comprendre ça, à part quelqu'un qui l'a vécu ?

Je suis enceinte et je vais dîner chez des copains...

Ce que je vois

Ce que j'ai le droit de manger

Au secours, je deviens comme ma mère !

J'**ai réalisé à ce moment-là que je n'avais jusqu'ici à m'occuper que de moi-même** et que, bien que je râle régulièrement parce que j'ai un caractère de cochon (il paraît que c'est attachant), c'était finalement assez simple. Et là, paf, tout à coup, il faut penser à un autre, complètement inconnu et sans mode d'emploi. Et en plus, il faut le faire à deux ! J'étais partie de chez moi très jeune, à 17 ans à peine, tant j'aspirais à mon indépendance, et je me retrouvais avec un boulet au pied qui dictait désormais tous mes actes. Au secours, un dictateur est en moi !

Évidemment, personne ne m'avait dit qu'une fois enceinte, on ne pense plus qu'à ça, qu'à sa grossesse, qu'à son nombril, on n'a plus envie de parler que de ça, le reste, on s'en fout et contrefout, alors qu'on s'était juré d'être une future maman hyper funky qui ne « change rien » à son comportement. Comme dirait Zazie, « Mon cul ! »

Et voilà comment une indépendante coriace, qui n'a de leçons à recevoir de personne et le revendique depuis sa plus tendre enfance, se met à appeler sa mère, très souvent, pour qu'elle lui apprenne la vie.

Le futur papa, lui, il « peut pas comprendre ». Il n'a jamais eu un petit asticot dans son ventre, au mieux des litres de bière, mais pas grand-chose de bien vivant, et rien qui puisse lui faire comprendre ce que tu es en train de vivre.
Du coup, tout ce qu'il dit, c'est bullshit. Même pas la peine d'essayer. S'il peut assurer un minimum de logistique et d'écoute attentive (même quand tu parles du même sujet pendant deux heures non-stop et que toi-même tu ne t'écouterais pas à sa place), tu peux t'estimer heureuse. Le discrédit est total. Et le fâcheux réflexe masculin qui consiste à essayer de trouver des solutions à tout au lieu de se contenter d'écouter avec attention devient ultra irritant.

« J'ai des aigreurs d'estomac, je n'arrive pas à dormir…
– Ben, bois du lait ? Prends un truc ? Arrête de manger ? Essaie de dormir ! »
Alors que tu as juste envie qu'il te fasse marrer ou te raconte un truc pour ne plus y penser, parce que **NON Y A PAS DE SOLUTION SINON ÇA SE SAURAIT BORDEL !** (En plus, je ne suis pas débile, moi aussi je sais faire une recherche sur Doctissimo.)

Alors tu te mets à appeler ta mère et tu découvres que tu l'as bien fait suer, du coup tu culpabilises, toutes les angoisses des cinq dernières générations remontent dans ton cerveau, trop petit pour tout contenir, et plus tu reçois de conseils, plus tu sombres. Parce que bien sûr, tous les conseils de ta mère sont contradictoires, c'est la base.

Pire, tu te mets à lui ressembler. Même tes engueulades de couples ressemblent à ses engueulades à elle. Ce n'est plus ta voix, ce sont celles des générations d'avant. Et finalement, ta vie ne t'appartient plus vraiment, tu n'es plus qu'un maillon de la grande chaîne de la vie, n'accomplissant ni plus ni moins que les autres femmes avant toi.

Ah, qu'on se sent unique, dans ces moments-là !

Ce qui change avec la grossesse ...

LE CENTRE DU MONDE

Avant

Après

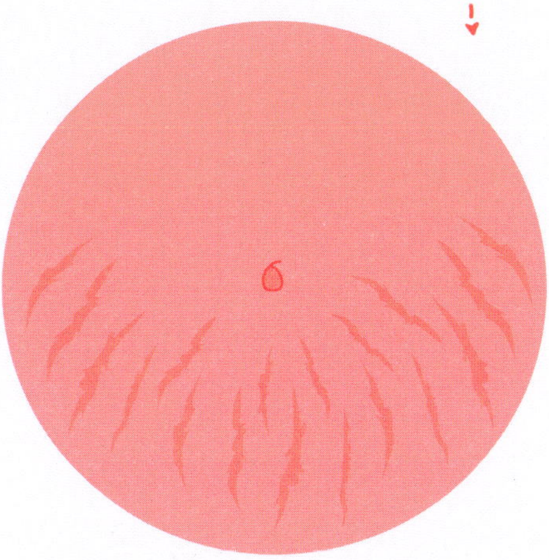

Ce qui change avec la grossesse ...

LES DERNIERS APPELS

Avant

historique

Mon homme
entrant, ven. 12:23

Chloé
sortant, jeu. 18:41

Maman
entrant, jeu 12:01

Mon homme
sortant, mer 14:16

Mon homme
entrant, mer 12:34

Sista
sortant, mer 11:27

Sabri
entrant, mar 20:07

Coco
entrant, sam 13:39

historique

Sage-femme
entrant, ven. 12:23

Anesthésiste
sortant, jeu. 18:41

Mon homme
entrant, jeu 12:01

Maman
sortant, mer 14:16

Maternité
entrant, mer 12:34

Maman
sortant, mer 11:27

Yoga prénatal
entrant, mar 20:07

Sage-femme
entrant, sam 13:39

Après

Seulement des femmes, tu fréquenteras

Comme les hommes ne comprennent rien, et qu'ils ne pourront jamais rien comprendre, tu divises gentiment le monde en deux catégories : ceux qui méritent ton écoute attentive et les autres, qui ne sont que pure perte de temps jusqu'à la naissance et quelques mois après. Autrement dit il y a les femmes et les hommes, **et j'irais même plus loin, il y a les mères et les autres.** Je marchais dans les rues, sous le soleil de Buenos Aires et mes yeux étaient devenus des radars à gros ventre ou à magasin de puériculture. Je ne voyais plus rien d'autre. C'est amusant comme on se jauge entre femmes enceintes. Celles un peu plus enceintes que les autres font les malignes parce que « c'est pour bientôt » (enfin, ça, c'est pour celles dont c'est le premier, parce que celles qui l'ont déjà vécu savent et ne sont plus du tout pressées) et les moins enceintes essaient de le montrer pour « faire partie du club ». Si si, je vous jure. Personne ne le dit, mais il y a aussi un « concours de quéquette » du gros ventre (comme quoi on est quand même un peu pareil, les hommes et les femmes !). Tu te mets à ne voir plus que des gonzesses et tu kiffes ça, tu prends des thés (enfin, sans théine), des cafés (sans caféine) et des salades (sans salade parce qu'on ne sait jamais, rappelez-vous), et tu parles de ton ventre des heures et des heures pendant neuf mois ou presque. Pas mal pour une femme-homme, non ? Oui, je sais. Prise en flagrant délit de contradiction. Mais ça, ce n'était que le début.

Je trouvais ça dingue, magique, fou. Ça fait parfois du bien d'avoir le droit de ne parler que de son nombril, surtout quand on sait que ça ne durera pas longtemps. Finalement, c'est un peu un moment de gloire, où toutes tes sautes d'humeur sont tolérées, tes caprices satisfaits, du moins ceux qui peuvent l'être. Je n'avais pas envie de fraises, mais j'aurais pu me nourrir exclusivement d'avocats, et je me suis mise à aimer le sucré alors que, à part le chocolat, je trouvais le sucre écœurant. Voilà comment je me suis mise à adorer les réunions de nanas tant que je pouvais parler de mon bébé sans retenue. Mais bien sûr, le naturel revient au galop, et après avoir passé les étapes de jeune mère, tu regardes avec un mélange de sympathie et de détachement profond tous ces futurs parents qui ne savent plus parler d'autre chose que de leur dernière échographie ou du matos de puériculture à acheter (puis de la couleur des selles une fois qu'il est né… Romantisme, bonjour). –

LE PARENT, CE SPORTIF DE HAUT NIVEAU

Courir un marathon de vingt ans quand tu n'as jamais fait de sport

Je n'ai jamais été une grande sportive, mais j'ai un tempérament qu'on pourrait qualifier de « super énergique » (traduisez « relou »), avec un besoin débordant de faire des tonnes de choses, d'apprendre, de découvrir, d'explorer et de partager. **Mais je ne ressens pas le moindre besoin de faire du sport pour le sport.**

Tous ces gens qui font des footings par exemple, je les admire de façon incommensurable parce qu'ils courent pour courir, un peu comme Forrest Gump, et qu'à chaque pas ils comptent le nombre de calories qu'ils viennent de perdre et le nombre d'enjambées qu'il leur faut encore faire pour atteindre leur objectif de performance.

Pour moi, le sport doit être dénué de toute considération de performance, mais plutôt être ludique, voire carrément drôle. Il me faut un but amusant pour oublier l'effort physique. À part le ping pong, des séances d'apnée pour devenir comme Jacques Mayol depuis que j'ai vu *Le Grand Bleu* ou les sports de glisse (parce que c'est seulement après que tu as mal), le sport, ce n'est pas vraiment mon truc. Et ça, je l'ai bien payé quand j'ai eu des enfants. **Dès que je suis devenue mère, j'ai compris que j'aurais mieux fait de m'entraîner avant de me lancer dans ce marathon qui risque de durer quelques années.**

Avoir des enfants, qu'on se le dise, c'est faire une série de squats tout au long de la journée, parce que rester assise sur ton canapé, ça n'existe plus. Tu te lèveras forcément trois mille fois pour aller sauver ton petit d'une attaque de LEGO® ou juste parce qu'il faut montrer que tu es là et lui éviter, paraît-il, un traumatisme.

Et du cardio, beaucoup de cardio tous les matins pour arriver à l'heure à l'école et si possible sans cris, et ce même quand tu as préparé tous les vêtements une semaine à l'avance, fait le cartable la veille et prévu quinze minutes de battement « au cas où ».

Tu t'étais aussi juré que tu ne crierais jamais parce que l'éducation positive, c'est important, qu'on n'est pas des barbares et que les mots ont un pouvoir (ah ah !), mais c'est un autre sujet.

Tous les matins, donc, tu cours. Potentiellement avec un enfant endormi et ronchon dans les bras, parce qu'il marche trop lentement et que tu as fini par l'enlever du sol.

On a beau nous montrer des photos d'Angelina Jolie rayonnante un enfant dans chaque bras, dans la vraie vie, c'est rigolo une minute mais pas quinze en courant.

Quand je pense que des gens paient la salle de sport pour soulever des poids alors qu'il suffit de devenir parent, ça me fait bien rire ! Maintenant, j'ai des bras aussi musclés qu'Arnold Schwarzenegger dans sa grande période (désolée, une référence de ma génération). Il paraît que c'est super sexy (gloups).

Ah ! Si j'avais su

Un ami m'a demandé si je faisais du sport.

Oui, j'habille mes enfants tous les matins.

4 preuves que le parent est

SA JOURNÉE EST UN TRIATHLON

La course

8 h
En retard à l'école

Le cyclisme

9 h
En retard au boulot

La natation

21 h
En retard sur la paperasse

IL SE FAIT MALTRAITER PAR SON COACH

un sportif de haut niveau

IL SE FIXE DES CHALLENGES INSURMONTABLES

Ascension de la pile de linge de la semaine par la face nord

Temps estimé : 1h

IL FAIT DES EXERCICES D'ASSOUPLISSEMENT

Temps 1
Je tente de m'asseoir

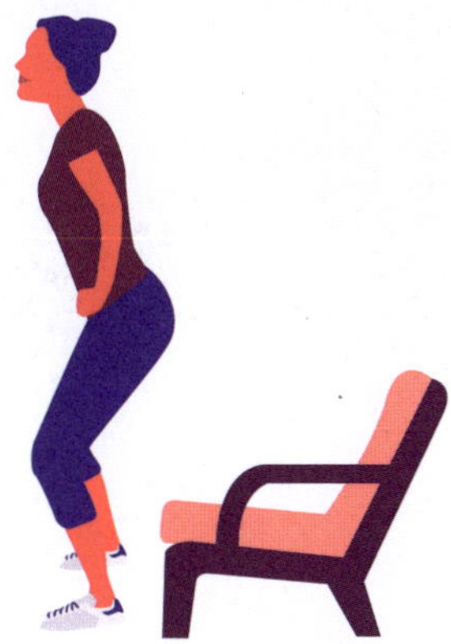

Temps 2
«Mamaaaaaaaan»
(exercice répété 100 fois par jour)

Le sommeil polyphasique

Les marathoniens, eux, se préparent, se reposent, se mettent en condition pour tenir le choc. Bref, ils font de bonnes nuits. Peut-on nous expliquer, à nous, fans des grasses matinées jusqu'à 11 heures et adeptes des nuits de dix heures, pourquoi tout le monde a omis de nous dire qu'avoir un enfant, c'est aussi renoncer à ce plaisir sacré de dormir ? S'agit-il d'un tabou international, ou carrément d'un complot mené par les parents pour attirer les non-parents dans leurs filets ?

En ce qui me concerne, je n'avais jamais entendu parler de cette « petite contrainte » jusqu'à ce que j'annonce ma grossesse. Là, tous les déjà-parents se sont mis à dire la vérité : dormir, tu oublieras. Et ce n'est pas comme faire une grosse nuit blanche un jour que tu rattraperas le lendemain. Non. Tes nuits blanches de parent, tu ne les rattraperas pas. Jamais. Plus jamais. Savez-vous que la privation de sommeil constitue une torture dans bien des pays et peut entraîner des maladies mortelles ? Oh, je vous vois venir, vous vous dites : « Elle exagère, dix heures de sommeil, c'est n'importe quoi ! Quelques nuits hachées, c'est pas si terrible au fond... » Eh bien si, c'est terrible.

Nous ne sommes absolument pas égaux face au sommeil. Il y a même des chercheurs en neurosciences qui font des doctorats sur la question (ma chère sœur jumelle, par exemple !). Certains sujets se sentent bien avec quatre heures de sommeil (mes idoles) quand d'autres commencent à peine à sentir les mêmes bénéfices après une nuit de dix heures. Évidemment, je fais partie du mauvais groupe. Merci papa et maman (oui, c'est génétique). Cela dit, je ne l'ai pas compris tout de suite.

Mes premières heures à la maternité, en regardant mon chérubin dormir tout son saoul après un accouchement d'à peine trois heures (mais sans péridurale alors que j'en voulais une, il y a une justice), je me suis dit : « Oh, ce n'est que ça ? C'est vraiment facile, en fait. » Mais ça, c'était avant la première nuit. Et la deuxième. Et la troisième... Allez comprendre pourquoi, le nouveau-né dort beaucoup mieux le jour. On peut même dire que le nouveau-né dort beaucoup mieux quand vous êtes éveillée. C'est un peu comme un mode automatique. Maman s'endort, bébé se réveille. Vous allez me dire, il y a le père aussi. Mais le père, il se lève le matin pour aller travailler, alors que toi, tu es en « congé » (mouahahah !). Donc rebelote, c'est ta charge mentale, assume-la. C'est en tout cas ce que je me disais. **À ce moment-là, j'ai commencé à devenir très désagréable.** Moins je dormais, plus je râlais. Sans parler du fait que mon premier enfant était, d'après les médecins, « particulièrement éveillé » (traduisez : enfant qui ne dort pas ou très peu, qui a besoin d'une stimulation extrême et fait des crises de pleurs ultraviolentes chaque soir à 19 heures précises).

En résumé, j'avais besoin de dix heures de sommeil pour des raisons génétiques, mais j'ai enfanté une créature qui se contentait de quatre heures.

À ce stade, deux solutions s'offraient à moi. Soit j'essayais de dormir en même temps que lui la journée (au revoir, vie sociale, soleil, vie normale) et je me transformais en oiseau de nuit (euh, on peut aller en boîte avec un enfant de 3 semaines ?), soit je me lançais dans un entraînement de cosmonaute pour changer ma nature profonde et adopter le **« sommeil polyphasique ».**

Pour mon premier enfant, je ne connaissais pas ce mode de repos fréquent chez les sportifs de haut niveau. J'ai donc essayé de vivre la nuit. Habitant à Buenos Aires en plein quartier animé avec un enfant de l'été de l'hémisphère sud (novembre), c'était plutôt une bonne solution. J'attendais les hurlements de 19 heures, donnant le signal d'une nuit compliquée à venir, et je le collais dans la poussette direction balade dans les rues passantes. L'effet était dingue. Mon bébé se calmait immédiatement, observant les lumières, découvrant les sons, s'enivrant du mouvement. Je regrette d'avoir mis trop de temps à faire cela. Les premiers jours, on m'avait tellement répété qu'il lui fallait du calme que je n'aurais jamais osé. C'était pourtant un vrai miracle.

Non seulement mon enfant s'apaisait, mais je revivais, je retrouvais le monde extérieur à une période où ma vie n'était plus rythmée que par les tétées, j'entendais des rires, je profitais de la ville et du magnifique printemps, et l'excitation de la nuit m'était à nouveau accordée.

Après un bon bol d'air et de vie humaine festive, je me sentais mieux, moins seule pour affronter la nuit. Je me disais : « Tous ces gens ont des enfants, ils sont passés par là, ils ont survécu, ça passera et je retrouverai une vie normale. » J'ai continué à me lever cinq fois par nuit pendant cinq mois et demi, mais je me sentais moins isolée et moins enfermée.

Ce n'est que plus tard, quand j'ai rencontré mon nouveau conjoint, sportif de haut niveau, que j'ai découvert le fameux « sommeil polyphasique ». Le parent étant lui aussi – je pense qu'on peut le reconnaître – une sorte de grand sportif, cette discipline devrait lui être enseignée !

Enfants magiques

Il paraît qu'il faut dormir dès que le bébé dort.

Il ne dort que quand je conduis.

En pratique, il s'agit de s'adapter aux rythmes naturels de l'homme et non au rythme du soleil. Dès qu'un signe de fatigue apparaît, quel qu'il soit (un bâillement, un œil lourd, l'esprit qui divague), il faut s'allonger en mettant son réveil à sonner vingt minutes plus tard. Au-delà, on se sent mollasson comme après une grasse mat' trop longue (une grasse mat' ? C'est quoi déjà ?). Par exemple, on reste deux heures debout, et hop une sieste de vingt minutes, où qu'on se trouve. Ça semble barbare, mais le corps s'y adapte rapidement avec un petit entraînement et ça permet de s'affranchir du rythme jour/nuit. Au bout de deux semaines, vous voilà prêt à vivre au rythme d'un nouveau-né. Rien ne vous empêche de le proposer à votre patron, je suis sûre que ce sera bien accepté… !

Comment je suis passée de joyeuse biquette à ours mal léché

J'ai réussi à retrouver un semblant de vie sociale grâce à ces feintes pour mieux vivre les nuits hachées de mon petit hyper éveillé… ou plutôt non, pas exactement. Il serait plus exact de dire que j'ai pu « m'imprégner » de la vie sociale des autres que j'observais. Faut pas rêver non plus. Désormais, c'était les autres sur la scène, et moi de l'autre côté. La fête, ce n'était plus mon tour. Cette sensation d'avoir « fini » ou « conclu » un stade de ta vie pour en embrasser un autre est vraiment très étrange.

Je regardais avec émerveillement cette petite créature sortie de mon corps par je ne sais quel prodige (comment puis-je être à l'origine d'un être pensant, mouvant, vivant, d'une personnalité autre, d'un autre sang, bref, comment est-il possible que ce miracle ait lieu, et dans mon propre corps ?) et je me disais : « Comment une si petite chose peut-elle autant chambouler une vie ? » Un petit être arrive et l'espace est envahi de sa présence, plus rien d'autre n'existe. Je m'étais toujours juré que même en devenant mère je resterais « cool » (le monde était divisé en deux catégories, les « cools », ceux qui rigolent, et les « sérieux », responsables et bien trop adultes à mon goût), que je continuerais ma boulimie de vie sociale, de sorties, de fêtes entre amis, de gens à la maison, de dîners impromptus ou de verres à n'importe quelle heure.

Alors oui, je suis restée « cool », mais ça n'a pas été immédiat, loin de là. Les premiers mois, j'avais chaussé mes « lunettes de parent », ces lunettes avec lesquelles tu vois le monde uniquement à travers ton prisme maternel, constitué d'évaluation des risques pour ton enfant tout neuf et d'épuisement extrême. Moi d'habitude débordante d'énergie, toujours ravie de voir du monde, riant à chaque occasion de mon rire trop aigu de petite chèvre, je n'avais plus qu'une envie : hiberner six mois minimum, ne devoir faire la conversation à personne, avoir le droit de ne ressembler à rien, de m'habiller n'importe comment et d'avoir de grosses cernes sans être dérangée par un regard accusateur ni devoir faire croire que ce tsunami n'avait rien changé dans ma vie.

J'avais seulement envie de me transformer – et d'ailleurs, je me suis transformée – en ours. Un ours gentil, mais avec d'indéniables caractéristiques d'ours. Discussions limitées au strict nécessaire, besoin d'hiberner, agressivité féroce à l'approche de la moindre chose considérée comme une menace potentielle pour mon petit héritier. J'étais sur une autre planète, exclusive et fermée, que seuls les parents peuvent connaître. Contrôle des papiers strict avant d'espérer y entrer !

Heureusement, la période ours ne dure pas si longtemps. Quoique, j'en connais qui la font durer… toute la vie. Bon, ce n'est peut-être pas du fait de la parentalité dans ces cas-là ! Ce qui est drôle, c'est quand tu as passé cette phase et que tu vois tes amis tomber dedans les uns après les autres. Après ça, la première chose que tu te dis quand on t'annonce une grossesse, ce n'est pas uniquement « Oh, c'est chouette pour eux », mais aussi « Oh mince, j'ai perdu mes amis pendant un an (deux quand ce sont des jumeaux, trois quand ils enchaînent trop vite les enfants) ! »

Quand tu vas à la maternité voir une amie qui vient d'accoucher

« Aaaah, ça fait envie, non ?

– Ah ah ah ! Non, ma chérie, c'est à ton tour de prendre cher ! »

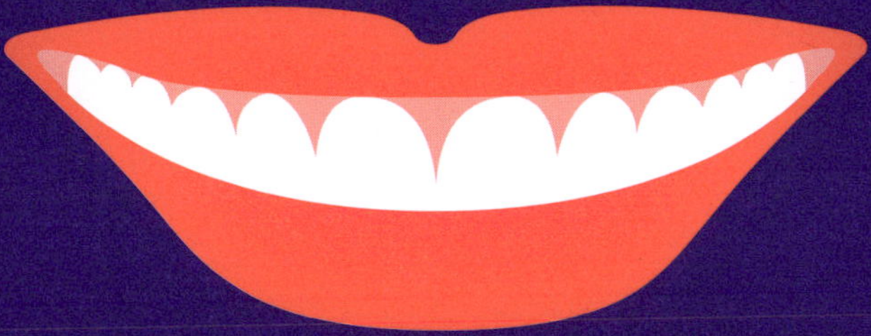

Quand ton quotidien devient Koh-Lanta

Au bout de quelques semaines, j'ai fini par me dire qu'il fallait commencer à faire comme si rien n'avait changé ou presque. Je voulais croire que c'était possible en s'organisant bien, que ça ne devait pas être si compliqué de faire des courses ou de prendre les transports en commun avec un bébé. S'il y a autant d'enfants partout, c'est que ça ne doit pas être une affaire particulièrement ardue à gérer.

Qu'à cela ne tienne ! Après avoir mis le porte-bébé au placard (reprendre 6 kilos et un centre de gravité en avant après neuf mois de mal de dos, ça ne l'a pas fait du tout), la poussette est devenue ma meilleure amie jusqu'aux 4 ans de mes enfants. Non seulement tu n'as plus à porter ton enfant, mais tu n'as plus à porter ton sac non plus. Et ça fait même caddie, à condition de bien équilibrer les poids pour ne pas faire tomber l'enfant...

En somme, une invention géniale pour braver ce que j'allais découvrir : le parcours Koh-Lanta du parent. Avec une poussette, bienvenue dans une nouvelle dimension : celle des trottoirs défoncés, des escaliers de mille marches, des bus dans lesquels tu ne rentres pas et des restos dans lesquels tu n'es plus admise. Avec une poussette, la vie est différente. La moindre marche peut avoir ta peau. Le moindre couloir trop étroit. La moindre pente. Pire en montée ! Et entre poussettes, c'est le concours. À mon époque (il y a bien longtemps), c'étaient les poussettes les plus grosses qui gagnaient la mise. Le parent qui avait la plus grosse regardait les autres avec la fierté de celui qui domine, celui qui sait que c'est lui qui forcera le passage si deux poussettes ne passent pas sur un trottoir. Celui qui sait que les gens s'écartent sur son passage et n'a pas à attendre qu'on le laisse passer. Ce n'est pas une poussette, c'est un tank dernier cri, inspiré des travaux de la Nasa (je vous jure, c'est super technique, en vrai). Aujourd'hui, la mode a été inversée, et c'est tant mieux, parce que j'ai toujours pensé que ce n'est pas la taille qui compte. Maintenant, les plus petites poussettes sont de mise, parce qu'enfin, on a compris que l'indépendance et le nomadisme de l'espèce « parent », c'est important.

Après quelq […] **-pable de dis** […] **le perturber la** […] é-galée pour m […] es pour survivre […] es, où ils ont eu l […] vés (larges certes, […] ous dire que mes ye […] de la lumière (oui o […] ur cette faculté ho […] té sur laquelle je risq […] t enfin endormi. Ou p […] tos que j'avais harn […] gnées, vous voyez, c'e […] a rien de pire que de r […] veiller son enfant endormi. Ça aussi, tu le comprends quand tu deviens parent. Quand je pense qu'avant, j'avais toujours envie de prendre les bébés dans mes bras et que j'osais leur cha […] touiller la joue dans l'es […] poir qu'ils ouvriraient u […] œil… Malédiction ! J […] demande pardon à tous les jeunes parents à qui j'ai pu faire cela sans avoir la moindre idée du sacrilège monstrueux que cela représentait. Pardon encore et de tout cœur.

[…] **ais donc que la poussette** […] **non indépendance et de** […] **llais plus m'en séparer.** À […] pping, à moi le retour à la […] i on allait au resto ? C'est […] ui va nous en empêcher ! […] alors…

[…] ut-il qu'il y ait la place de […]. Et qu'il accepte les en- […] attablées aussi. Parce qu'il […] bir les regards agacés des […] être dans leur bon droit, qui […] e faïence : « Elle a pas intérêt […] osse celle-là ». En même temps, […] prendre, s'ils ont laissé leurs enfants à la mai[…] pour se faire un resto par an, ils n'ont pas très envie de le passer dans les cris. Sur ce point-là, il y a une réelle différence entre les pays plus latins, qui adorent les bébés et les enfants en général, et la France. À Buenos Aires, les restos sont bien souvent pensés pour les jeunes parents et le personnel s'émerveille sans retenue devant un bout de chou tout neuf. En France, on se sent coupable, gênant, et on a toujours l'impression de devoir demander l'autorisation. Hey oh, on ne parle pas d'un chien, là ! On parle d'un enfant, d'un humain ! De ce que vous avez été vous aussi il y a quelques dizaines d'années !

Vous l'avez compris, les premières sorties avec votre bébé constituent un véritable parcours de l'extrême qui n'a rien à envier à Koh-Lanta, et mieux vaut être bien équipé, préparé psychologiquement et armé pour ignorer les attitudes ou remarques parfois malveillantes. Heureusement (ô espoir !), on se détend très largement au deuxième enfant (eh oui, va falloir en faire un deuxième, ah ah ah !). —

Être paren[redacted]me
particip[redacted]

PARENT ÉPUISÉ

Tu ne dors pas, tu manges ce que tu peux,
tu es coupé du monde, tu repousses tes
limites un peu plus chaque jour, tu essaies
d'arriver vivant à la fin de la journée.
Et à la fin, tu peux gagner...

Ah non, y a pas de fin.

SAUVER LA FACE ALORS QUE TU FRÔLES LA MORT CÉRÉBRALE

Se rassurer avec de belles photos pleines de sourires Ricoré

J'accorde beaucoup d'importance à la beauté et à l'esthétique, et j'ai toujours trouvé qu'il ne fallait pas opposer le fond et la forme. Les choses peuvent être à la fois esthétiques et utiles, belles et profondes. Les beaux objets font du bien au moral ; un intérieur raffiné et joliment décoré change la vie et l'état mental dans lequel on se trouve. J'ai toujours aimé passer du temps à chiner et j'ai toujours soigneusement évité les solutions que j'estimais « faciles », comme le salon complet avec le canapé assorti aux fauteuils assortis à la table basse assortie aux lampes assorties au tapis. Évidemment, comme pour le reste, je m'étais promis que devenir parent ne transformerait pas l'importance que j'accordais aux belles choses et que mon enfant évoluerait dans un environnement esthétique design, raffiné, arty où tous les sens s'en donneraient à cœur joie. J'étais persuadée que c'était possible, j'avais feuilleté les magazines de déco mettant en scène des familles parfaites dans des maisons parfaites et plus belles encore, je parcourais régulièrement des « inspis » sur Instagram pour faire évoluer la déco de mon appartement.

J'étais rassurée de voir ces magnifiques photos affichant un bonheur idéal, me garantissant qu'avoir un salon beige immaculé avec de jeunes enfants, c'était possible ! Ça et les jouets en bois responsable FSC, les camions vintage en métal dont on a plus envie comme objets de déco que comme jouets pour nos enfants....

Enfants magiques

Avant, j'avais un salon.

Maintenant, j'ai un JouéClub.

Bien sûr, la réalité est venue frapper à ma porte. On m'avait encore menti ! Les instagrameuses ont juste oublié de préciser les heures passées à préparer leur photo, le temps de ranger tous les objets de puériculture, les jouets balancés d'un revers de main par l'enfant, les taches partout qui attestent que l'enfant va bien et qu'il mange en s'exprimant...

Mais croyez-vous qu'il soit possible (et souhaitable) de dire à un enfant de 8 mois qui découvre le monde en rampant et en mettant tout à sa bouche d'aller jouer dans sa chambre et de bien remettre à sa place ce qu'il a utilisé ? Voilà comment j'ai assisté, impuissante, à la transformation de mon salon en un vaste champ de bataille.

Mon intérieur design est devenu un immense bazar, qui se reformait à la vitesse de la lumière chaque fois que je rangeais. Plus il y avait de bazar, plus je me sentais coupable. **Honnêtement, pour garder mon intérieur irréprochable, soit j'embauchais une personne à temps plein, soit je ne faisais plus que ça de mon temps « libre ».** Au début j'ai résisté, bien sûr. J'essayais de tout ranger en live, quand mon enfant jouait en mettant du bazar (pléonasme !), au lieu de regarder s'il s'amusait, je guettais le moment où il se désintéresserait et où je pourrais enfin remettre un peu d'ordre. Sans parler des beaux-parents qui avaient le don de me faire comprendre que j'étais un cochon, car une bonne mère « tient son foyer en ordre ». **La bonne blague.**

J'étais frustrée par mon intérieur qui ne ressemblait plus à rien, je n'arrivais plus à profiter de mon enfant et je me sentais minable de n'arriver à rien. (Merci Florence Foresti, sans *Mother Fucker*, je n'aurais pas survécu.) Et puis, je me suis rappelé que le chaos était le signe des créatifs, des esprits libres, et que les belles choses naissaient bien souvent fortuitement, à la rencontre inattendue de deux éléments que rien n'aurait dû unir. **Avoir des enfants, c'est le boxon. Et le boxon, c'est la vie !** De toute façon, on est toujours le cochon de quelqu'un et le maniaque d'un autre.

Pour me consoler, je me suis amusée à faire comme si tout était parfait dans ma vie. Ça me faisait du bien, et il fallait bien que je répondre à tous ces sourires devenus un peu trop agressifs sur mon mur Facebook. Alors moi aussi, j'ai publié des photos de ma famille Ricoré, de mes enfants heureux, épanouis, parfaits, de ma maison bien tenue et joliment arrangée, de mon épanouissement personnel et mes créations artistiques, de mes voyages. Quand je regarde aujourd'hui les albums que je publiais, je vois que je suis bien tombée dans le panneau. Je me les repasse et je ne vois plus aucun rapport avec ce que j'ai vécu. —

Faire semblant d'accepter les sorties et tout annuler au fur et à mesure

Il y avait en moi la même forme de déni de réalité face à mon intérieur que lorsque mes amis m'envoyaient une invitation à dîner, à partir en week-end, à se voir l'après-midi. Ma première réaction était toujours empreinte d'un enthousiasme débordant : « Oh oui, avec plaisir ! » (Je suis parent mais vivant ! Je veux continuer à sortir, à voir mes amis, et ce ne sont pas un ou deux enfants qui vont m'en empêcher.)

Puis, le jour J approchait et l'enthousiasme initial se tarissait de jour en jour. Je regardais mon lit, le matelas moelleux, la nuit qui tombait, et je me disais que je n'avais qu'une envie... DORMIR ! Aller voir mes amis me paraissait aussi compliqué que d'escalader l'Everest. Je n'en avais pas l'énergie, même si je refusais encore d'admettre mon état de zombie.

Au début, pour ne pas me déjuger, j'y allais. Parfois j'arrivais même à tenir avec beaucoup de fierté jusqu'à 22 h 30 (en réalité, je surveillais l'heure en attendant le moment propice à ma libération, le moment socialement acceptable pour partir sans vexer ni passer pour une rabat-joie).

Puis, je me suis mise à annuler une fois sur deux.

Et enfin, j'ai cessé d'accepter. Au lieu de cela, j'ai fait venir les amis chez moi et finalement c'était beaucoup plus simple. Il m'est même arrivé d'aller me coucher en les laissant s'amuser sans moi chez moi quand je n'en pouvais plus. Je vous assure, ça m'a réconciliée avec les dîners entre amis !

Ah ! Si j'avais su

Soirée de ouf hier soir !

On est rentrés à 22 h du matin.

Tenter de lire des livres...

Devenir parent, c'est renoncer à un certain nombre de choses. Et, vous l'aurez compris, je n'avais pas saisi que ça représenterait autant de sacrifices. Je suis une grande lectrice, principalement de romans. J'ai l'impression de vivre des tas de vies, de rentrer dans la peau d'une multitude de personnes, hommes, femmes, exilés, étrangers, au XVIIIe siècle, dans le futur. C'est une façon de voyager et de sortir de soi que je trouve délicieuse, facile et peu onéreuse. J'aime toutes sortes de livres, du moment qu'ils sont bien écrits.

Fort heureusement, j'adore aussi les livres pour enfants, en particulier les albums illustrés, que je trouve souvent poétiques, plus libres que les romans pour adultes, plus farfelus, plus surréalistes peut-être. J'aime cette étape de la vie qui met au centre de tout l'imagination et le rêve éveillé. Très tôt, je n'attendais qu'une chose : lire des livres à mes enfants. J'avais fait le plein d'albums avant même la naissance de mon premier enfant, et je guettais l'âge où je pourrais enfin partager ce moment avec lui **(en réalité, je voulais surtout les lire pour moi, égoïstement, pas faire de mon enfant un petit Einstein à 6 mois tout juste).**

Et puis est venu le moment où je ne pouvais plus rien lire d'autre. Pleine de bonnes intentions, il m'arrivait de m'emparer d'un roman avec la ferme intention de le lire jusqu'au bout. Mais impossible de garder les yeux ouverts plus de cinq lignes. J'avais tellement de carence de sommeil accumulée que mon cerveau n'en était plus capable. Impossible pour mon esprit d'avaler ce flux d'informations. Impossible de produire les bonnes images. Ma vue se troublait et j'entrais en phase d'hypnose, où les phrases et les mots virevoltaient sous mes yeux qui se fermaient. Petit à petit, les livres sont devenus l'outil de mesure de mon niveau de fatigue et mon meilleur somnifère. J'ai bien mis huit ans à relire vraiment après la naissance de mes enfants. C'est long, je sais.

En attendant, à moi Tchoupi et les séries télé. Pas cinq épisodes à la suite. Non, juste un épisode. Mais en entier, sans dormir, c'était une victoire !

Ah ! Si j'avais su

J'ai enfin réussi à lire un livre en entier.

***C'était** Tchoupi fait un château de sable.*

La galère intergalactique du mode de garde

Quand j'étais en primaire et que je sortais de l'école, **je voyais toujours une ribambelle de nounous et de grands-parents qui attendaient mes petits camarades devant la grille.** Moi, c'était ma mère qui venait me chercher, avec une bonne baguette de pain chaude et une barre de chocolat noir à fourrer dedans. J'aimais bien parce que si je mettais la barre de chocolat assez vite dans le pain, elle fondait et c'était un régal qui s'exprimait sur tout mon visage repeint. À l'époque, quand je voyais toutes ces dames (désolée, il n'y avait que des dames) qui venaient récupérer des enfants dont les parents travaillaient tard, cela me semblait simple et normal. Je n'imaginais pas à quel point réussir à trouver une nounou qui soit là, attachée à l'enfant, presque comme un membre adoptif de la famille et fidèle au poste des années durant tenait du miracle. Si j'avais été informée de la guerre à mener pour obtenir de l'aide, surtout dans une grande ville où la demande dépasse largement l'offre, si j'avais su comme il faut jongler chaque jour pour réussir à tout mener de front, j'en serais tombée de ma chaise.

Et ça commence, là encore, très tôt. **Tu apprends que tu attends un bébé, et on t'annonce qu'il faut demander une place en crèche alors que l'enfant ressemble plus à un haricot rouge qu'à un être humain.**

Comme tu es à peu près sûre (il y a des parents plus chanceux que moi) qu'à moins d'un miracle au cours duquel plus de vingt familles du quartier décideraient en même temps de partir s'installer au fin fond du Kazakhstan, libérant ainsi les vingt noms avant le tien dans la liste d'attente, tu n'auras pas de place, tu dois immédiatement te mettre en quête d'une nounou.

Au départ, impossible de m'y retrouver entre les différents modes de garde, encore moins d'évaluer ce qui était le mieux pour mon enfant. Entre les parents qui me disaient que la crèche, c'était naze parce que ton enfant chope toutes les maladies et que tu passes ton temps à poser des jours pour le garder parce qu'on ne confie pas un enfant malade à la crèche (enfin, pas au-delà de 39 °C, mouahahah !), ceux qui me disaient qu'une assistante maternelle chez elle, ça ne s'occupait pas du tout des enfants et ça passait son temps sur son téléphone avec les copines, et ceux qui me disaient qu'avec une nounou à domicile, ton enfant serait asocial et ne saurait jamais s'adapter à la vraie vie, encore moins à l'école. **En gros, tout était pourri et tu avais intérêt à prier pour que ton enfant (et toi) sorte vivant de ces trois années compliquées.**

Encore un parcours du combattant dont personne ne m'avait parlé et que je découvrais en France pour mon deuxième enfant, dans un petit village aux abords de Nice. Et j'ai immensément galéré. D'abord, je revenais tout juste d'un pays très latin où, aussi étrange que cela puisse paraître, tout le monde se tutoie et se fait la bise. En Argentine, tu fais la bise à ton médecin, tu fais la bise lors d'un entretien d'embauche, tu fais la bise à tout le monde, alors forcément, tu fais la bise à la nounou. **Quand j'ai rencontré la première nounou pour une garde chez elle avec d'autres enfants, je me suis pris une bonne douche froide.**

Cherche fille au pair pour les grandes vacances :

Insomniaque

Un peu moche

Bonne cuisinière

Un peu moche

Aime jouer à des jeux relou
pendant quatre heures

Un peu moche

Aime se détendre en passant l'aspiro

Un peu moche

J'entre, avec mon gros ventre et mon grand sourire, dans l'idée lui confier mon « grand » de 2 ans et bientôt le petit à venir. Bien sûr, je m'approche pour lui faire la bise. Voilà qu'elle se recule avec terreur en m'assénant un : « Je ne fais pas la bise aux parents des enfants que je garde. C'est ça le problème avec les parents. Tu leur donnes ça [elle montre sa main], ils te prennent ça [elle montre son épaule]. » Là-dessus, j'hésite entre hurler et pleurer, et je réponds bêtement : « Écoutez, je suis désolée, je reviens d'Argentine où on fait la bise à tout le monde, mais je vais me remettre au goût du jour. Par ailleurs, je trouve que la nounou, c'est une personne très spéciale et qu'une bise ne me semble pas scandaleuse dans la mesure où je vous confie ma chair et mon sang. »

Au lieu de partir en courant, j'ai voulu essayer. Je pense que j'étais un peu perdue. Ma première expérience a été horrible. **Cette assistante maternelle était une psychorigide qui ne laissait aucune liberté aux enfants, et le mien passait son temps dans un coin, prostré, sans bouger, n'ayant pas le droit de faire du bruit pour ne pas déranger Madame.** J'ai fini par me rendre compte de la souffrance de mon fils par son comportement étrange et noir, et je l'ai retiré immédiatement.

Je me sentais horrible. J'avais l'impression d'avoir indirectement torturé mon enfant, de l'avoir abandonné dans les griffes d'une sorcière malveillante. Les nounous, c'est comme les médecins. Il y a celles qui ont la vocation, qui aiment le contact des enfants, qui s'éclatent avec eux et inventent sans cesse de nouvelles choses, et il y a celles qui le font parce qu'elles ont besoin d'argent mais auraient aimé faire autre chose, si possible dans le silence.

Le problème, c'est que vous ne pouvez pas vraiment savoir. En tout cas, moi, j'ai toujours été nulle pour évaluer les gens en un petit entretien de vingt minutes.

Après cette expérience, j'étais perdue et j'avais l'impression d'être dans une jungle. Je me suis même demandé si je n'allais pas tout arrêter et me consacrer entièrement à mes enfants (bon, ça n'a duré que quelques minutes parce qu'en vrai je ne sais pas comment font ces mères et pères au foyer, mais je trouve que ce sont des saints et que j'en suis loin).

Les débuts ont donc été chaotiques, mais j'ai fini par trouver des gens bien. Alors bien sûr, ils ne sont jamais parfaits avec tout ce qu'on voudrait (genre trilingues, artistes, sportifs, cordons bleus, humoristes, etc.), mais il se trouve que moi non plus, et puis chacun apporte sa petite touche et c'est ça qui est bien. Les bonnes nounous sont, à mes yeux, celles qui débordent d'amour. Et ça se voit assez vite, finalement. —

LA SCHIZOPHRÉNIE PARENTALE

Je suis cool, mais t'as intérêt à avoir 20/20 comme ta mère

Quand j'étais enfant, mes parents étaient assez sévères, en particulier au sujet de la scolarité. Je ne viens pas d'un milieu très aisé, et il fallait impérativement que mes deux sœurs et moi réussissions à l'école. D'ailleurs, ma mère ne cessait de répéter qu'elle nous avait élevées « comme des hommes », pour qu'on ne dépende jamais de personne, ce qui semblait être sa plus grande crainte (ça en dit long sur la pression que doivent subir les hommes). De nature angoissée, j'avais une tendance naturelle à me mettre une énorme pression. J'avais beaucoup de facilités, mais il fallait néanmoins que je fournisse le même effort que les autres, ce qui m'amenait à des résultats trop élevés et me mettait un peu au ban de la classe. **Je me suis habituée à n'avoir que des 20/20, partout,** sauf en sport parce qu'inconsciemment j'en avais sans doute marre d'être la première de la classe, que j'aimais bien faire le clown, et que j'avais jeté mon dévolu sur cette matière par erreur jugée « non noble » par mes parents eux-mêmes très peu sportifs pour exercer mes talents de cancre.

En grandissant, j'ai compris l'erreur de cette quête d'excellence. Si cette vision a le mérite de tirer le meilleur du système scolaire, elle génère une pression inutile et ne garantit pas un quelconque épanouissement par la suite.

Vous l'avez compris, je m'étais juré de ne pas mettre cette pression à mes enfants, et que tant qu'ils suivaient bien et qu'ils s'amusaient à l'école, je m'estimerais heureuse.

Fais ce que je dis, pas ce que je fais

J'ai hurlé à mes enfants de ne pas crier.

#HypocrisieParentale

Mais ça, c'est de la théorie. Il se trouve que mon premier fils a su lire à 3 ans, tout seul, et j'ai alors découvert la joie d'avoir un enfant en décalage complet avec le système scolaire qui a beaucoup de mérites mais, il faut bien le reconnaître, n'est pas forcément adapté à tous les enfants.

Quoi qu'il en soit, je me suis découverte encore plus paradoxale que je ne le pensais. **Tous les matins, au moment de déposer mes enfants à l'école, je ne disais pas « travaillez bien » mais « amusez-vous bien ! »**, et je ne cessais de dire que j'avais parmi les meilleurs souvenirs de ma vie à l'école. Ce n'est pas tout à fait vrai, mais pas tout à fait faux non plus. Ce que j'adorais à l'école, c'était bavarder. Je tombais aussi beaucoup de ma chaise parce que je me balançais, ce qui m'a valu quelques avertissements rachetés par mes bonnes notes. Mes bons résultats me permettaient quelques libertés. Par exemple, ma spécialité pour faire rire les copains, c'était de faire la chèvre au fond de la classe. La vraie chèvre. Je suis devenue maîtresse dans l'art d'imiter ce mammifère. En plein cours, on entendait un bêlement aigu, et toute la classe partait dans un grand éclat de rire. C'est cette école-là que j'aimais, celle de la vie, du groupe, du rire.

Mais comment raconter à mes enfants que je faisais la chèvre tout en exigeant qu'ils prennent les cours au sérieux et qu'ils écoutent les professeurs ? Alors, je me suis mise à leur tenir les mêmes discours que mes parents. « Comment ça, tu as eu 16/20 ? Où sont passés les quatre autres points ? Tu n'as pas compris quelque chose ? Tu bavardais ? » Je ne le pensais pas vraiment, ça sortait en mode automatique. Comme si mon cerveau buggait. J'étais totalement binaire. Soit mon enfant avait compris et il devait avoir 20, soit il n'avait pas compris et on devait repasser la leçon ensemble.

Le milieu n'existait pas. C'est seulement quand j'ai entamé ma nouvelle vie de famille recomposée que ça m'a sauté aux yeux. Mon conjoint n'adoptait pas du tout le même comportement et me trouvait très dure. Je répondais pour me défendre : « C'est que je pense qu'il a été paresseux et je ne supporte pas la paresse. Quand on a la chance d'avoir de belles capacités, on doit avoir les résultats assortis ».

Comme mes parents avant moi, je reproduisais un schéma parental profondément ancré. Je n'ai pas complètement dépassé ça, mais je me soigne et mes enfants ont maintenant une sacrée repartie pour me remettre à ma place ! **Je leur dirai bientôt pour l'histoire de la chèvre et on bêlera tous en chœur.** _

Le langage avec « bip » ou l'art de faire croire que tu es bien élevée

Dans la lignée de « fais ce que je dis, pas ce que je fais », mes enfants m'ont toujours entendue, jusqu'à leurs 8 ans environ, parler un français irréprochable. Pas un gros mot, pas une vulgarité ne sortent de ma bouche. Mon vocabulaire à la limite de l'ampoulé m'a valu un commentaire de la part d'une petite copine d'anniversaire « Ta mère parle comme Molière », jusqu'à ce qu'elle me voie l'année suivante m'énerver en jurant dans tous les sens, « Ah non, en fait ».

En devenant mère, j'ai adopté une personnalité double face. Petite, comme tous les enfants, les premiers mots qui m'ont intéressée, c'étaient les gros mots, les mots interdits, l'argot et les mots pas beaux que je n'entendais jamais à la maison. Enfin, pas jamais. Jamais chez ma mère, souvent chez mon père. Je n'ai jamais entendu ma mère dire un seul gros mot, à part « le mot de cinq lettres », merde pour être précise. Ce n'est pas dans son éducation. Quant à mon père, c'est l'inverse, tout y passe, sans limite. C'est assez drôle de les voir tous les deux. Et ça a sans doute donné un drôle de mix.

Avec mes enfants petits, je devenais ma mère, puis le soir, dès qu'ils étaient couchés, je devenais mon père. Je ressentais un besoin irrépressible de parler comme une charretière pour compenser ce trop-plein de « bien parler » que j'employais pour élever mes enfants. Évidemment, j'allais trop fort dans les deux sens et cela a généré un certain nombre de situations cocasses.

Fais ce que je dis, pas ce que je fais

J'ai dit à mes enfants d'arrêter de dire des gros mots parce que pu****, c'est choquant, bor***.

Un jour, dans ma nouvelle famille recomposée (ma schizophrénie langagière faisait beaucoup rire mon nouveau conjoint qui trouvait fou un tel contraste et me disait que mes enfants ne me connaissaient pas vraiment), mon fils aîné a dit à table, très sûr de lui : « Maman ne dit jamais de gros mots. Maman parle toujours bien en français. Pas comme toi », parce qu'il avait dû dire le mot « chiant », mot interdit et jamais prononcé devant mes enfants. Mon conjoint s'est mis à hurler de rire, littéralement. Il a tellement hurlé de rire que tout le monde a été surpris. Il était tellement hilare qu'il était impossible de douter de la sincérité de sa réaction. Et je me suis mise à glousser aussi. Sans m'arrêter.

J'ai dû leur expliquer qu'en effet « maman utilise différents niveaux de langage selon les situations, mais que l'important est de savoir parler bien, parce que pour parler mal [ils n'ont] pas besoin de moi ». Je me suis un peu détendue depuis, mon aîné commençant à parler de façon trop châtiée (« C'était bon aujourd'hui ? Oh oui, c'était succulent ! » Ce jour-là, je me suis dit qu'on frisait le ridicule et j'ai éclaté de rire en lui disant qu'il pouvait parler « normalement »).

Bref, en chacun de nous se cache sans doute une caricature, alors je parle désormais normalement, un peu mal et un peu bien et tant mieux si mes enfants ne sont pas la réincarnation de Proust (quoique, ce serait quand même la classe).
On peut toujours avoir recours à quelques astuces efficaces comme transformer le mot vulgaire en un autre mot une fois qu'on a déjà lâché le début. Ce sont les fameux « mer...credi ! », « Ça fait chi... suer ! », « Pu... naise ! », « Mais tu m'emm... quiquines ! » qui passent quand même mieux.

J'ai aussi adopté une petite routine très drôle. De temps en temps, on a droit à un moment défouloir où on lâche plein de gros mots pendant cinq minutes. Sans retenue, sans interdits. Je peux vous assurer que j'étais surprise par la richesse du vocabulaire fleuri de mes enfants et qu'on s'est tapé de sacrées barres de rire. Enfin, pas avant 8 ans, si vous voulez mon avis.

En tout cas, moi qui les croyais enfants de chœur, j'étais loin du compte ! _

J'adore jouer avec mes enfants... 5 minutes.

Quand j'étais petite, je trouvais que les parents cools, c'étaient ceux qui jouaient avec nous, qui rigolaient, qui faisaient n'importe quoi et qui ne passaient pas leur temps à faire les gendarmes. J'avais du mal à comprendre pourquoi les adultes n'arrivaient pas à tirer du bonheur dans le fait de jouer à la poupée, d'empiler des cubes ou de jouer à chat. C'était sûr, plus tard, je jouerais à chat avec mes enfants. C'est drôle, aujourd'hui, de repenser à ça. L'autre jour, les enfants déjà grands se sont mis à jouer à l'élastique et à la corde à sauter, tous ensemble, garçons et filles mélangés. J'ai voulu réessayer, parce que petite j'étais super forte à l'élastique et je voulais voir si c'était toujours le cas.

La bonne nouvelle, c'est que j'y arrivais encore.

La mauvaise, c'est qu'au bout de deux coups, je suais comme un putois, j'avais la bave aux lèvres et le cœur qui battait à cent mille à l'heure. C'est là que j'ai compris qu'il fallait peut-être me mettre au cardio et que les enfants sont de vraies machines à pouvoir sauter comme ça pendant des heures.

J'ai donc arrêté de jouer pour cette fois en raison de « limites physiques », ce qui me semble aussi respectable qu'inattaquable.

Mais le fond du problème, c'est que je ne suis pas une grande joueuse. Je sais bien qu'il faut jouer avec les enfants, que c'est hyper important bla-bla-bla et que, sinon, ils seront traumatisés, mais parfois je m'ennuie tellement que je n'arrive même pas à le cacher.

Quand ils étaient tout petits, j'essayais de leur faire empiler des cubes. J'adorais voir leurs bouilles concentrées et c'est ça qui me faisait tenir. **Mais une fois qu'ils sont devenus plus grands et qu'ils ont commencé à exiger qu'on soit à fond pendant des heures, c'est devenu compliqué pour moi.**

Évidemment, ils savent ce qui fait mal et dès qu'ils voient que l'ennui pointe chez moi, j'ai droit à : « Tu veux jamais jouer ! Le papa de Maïwenn, lui, il joue tout le temps avec nous ! »

Je me suis sentie coupable, nulle et même indigne de mes enfants. J'avais envie de leur apprendre à dessiner et aucun des deux n'a montré le moindre intérêt ni le moindre talent pour le dessin alors que j'étais persuadée que c'était génétique. C'est difficile de se forcer à prendre du plaisir dans quelque chose juste pour faire plaisir à l'autre ! Il faut bien y trouver quelque chose, et **je ne fais pas partie de ces mères totalement dévouées qui réussissent à s'enthousiasmer pour des toupies ou des poupées pendant plus de dix minutes.**

J'ai pourtant essayé de jouer des heures aux petits chevaux et au Mille bornes, mais ça finit toujours de la même façon : en pugilat. Tout le monde triche (moi jamais, bien sûr), la fratrie se déchire et les pions valsent. Ça, c'est la magnifique excuse que j'ai pu trouver pour refuser de jouer la partie suivante. Oui, c'est honteux. On ne se refait pas.

Aller au parc, c'est la même chose. Pour moi, c'était une punition. C'était d'un ennui mortel, surtout si je ne tombais pas sur les parents que j'aimais bien. C'est vrai, quoi, il faudrait kiffer les voir faire 3678 tours de toboggan, ramasser des cailloux ou faire des ronds de tricycle pendant des heures ? Un peu, c'est sympathique, mais après tu as intérêt à avoir YouTube et ton téléphone bien chargé pour survivre.

En bref, je crois que chaque parent doit apporter ce qu'il aime. Pour moi c'est le dessin, les histoires à n'en plus finir, la mer sous tous ses aspects, les longues conversations sur le monde, la vie, l'humain, et moins les toupies Beyblade ou le ballon (sauf le volley, ça j'aime bien, mais ils ont encore des progrès à faire et moi aussi d'ailleurs). _

Ce que tu penses quand ton enfant te dit : « Puisque c'est comme ça, je joue plus avec toi ! »

TOUS LES PRINCIPES QUE J'AI ABANDONNÉS UN À UN

Les petits plats bio maison

Ma meilleure amie est une extrémiste du bio et du fait maison. Quand je dis extrémiste, c'est vraiment poussé très loin. Non seulement elle n'achète que des fruits et légumes bios, ce que je peux comprendre, mais en plus elle fabrique ses produits cosmétiques elle-même, de la crème pour le visage aux shampoings, en passant par le dentifrice et la lessive. Quand je suis avec elle, j'ai l'impression d'être une condamnée de Tchernobyl, contaminée pour toujours.

On veut tous le meilleur pour nos enfants, c'est évident. Du moins, les bons parents que nous sommes et que vous êtes puisque vous êtes en train de lire un livre sur le sujet.

À force de regarder des émissions qui révèlent les scandales alimentaires ou cosmétiques et de lire des revues de consommateurs, il y a de quoi devenir totalement parano. Tout devient suspect. En plus, en Argentine, l'un des pays qui exporte le plus de bio au monde mais rien pour le marché local, je ne trouvais, à coup sûr, que des OGM sans aucun contrôle. Et comme les petits pots préparés n'existaient pas là-bas, autant vous dire que mon fils a mangé des purées maison vraiment pas bio. Mais maison. C'est déjà pas mal non ?

Je dois dire que quand c'est subi, c'est nettement moins sympa que quand c'est choisi. Dès que je rentrais en France, je faisais le plein de petits pots et de plats préparés. Pour moi, c'était synonyme de liberté ! Quel gain de temps pour le parent qui en manque cruellement !

N'exagérons rien, préparer ses purées bio et maison, c'est super. Mais on a vécu avant, ce que nous ont donné nos parents était nettement moins contrôlé que ce qu'on trouve aujourd'hui (enfin, je crois) et on a pourtant bien deux jambes et deux bras.

Alors j'ai tout simplement cessé de regarder ces émissions qui m'angoissent, parce que l'angoisse fait plus de mal aux enfants qu'un légume pas au top. En tout cas, au moins autant.

Ce qui compte, c'est de faire les choses qui nous font plaisir à nous. Certains parents prennent un grand plaisir à préparer eux-mêmes des petits plats bio pour leurs enfants et y trouvent même un certain épanouissement. Mais quand c'est tout le temps, c'est quand même sacrément contraignant. Les petits plats préparés sont pas mal du tout, et on peut même les mettre dans un Tupperware pour faire croire que c'est fait maison quand on laisse les enfants chez les grands-parents. (Euh, pardon, dans une boîte en bambou !)

Les vrais critères de choix du repas

La méthode Montessori

Je ne sais pas si vous avez remarqué, mais une fois que vous avez annoncé que vous allez avoir un enfant, tout le monde, parents, non-parents, jeunes, vieux, se mettent à donner leur avis sur tout, **et il semblerait que tout le monde possède la recette miracle pour élever un enfant. Sauf vous, en fait.**

Ça commence avec les fameux conseils pour la grossesse… C'est bien simple, après l'énumération des risques, j'étais persuadée que j'avais déjà tout fait de travers et que mon bébé était fichu. Puis, je me suis dit que l'angoisse de mal faire allait se dissiper avec la naissance, quand je serai moins directement responsable de ce petit être en devenir. Erreur ! Ça n'a fait qu'empirer. Le choix du moindre hochet vous fait basculer dans un monde parallèle totalement insoupçonnable. Toi, tu penses que tu vas juste choisir un objet qui fait du bruit et qui peut potentiellement te sauver d'une crise de pleurs en pleine rue, et tu ressors avec une thèse de neurosciences sur le rapport entre le mouvement de la main et le circuit neuronal du tout-petit. **C'est limite si chaque objet ne t'indique pas le nombre de points de QI qu'il va apporter à ton enfant.**

En gros, la pédagogie Montessori prône le respect du rythme et des envies de chaque enfant pour en faire un être pleinement épanoui. Ça a l'air super, parce que c'est censé rendre ton enfant autonome et ça a le mérite d'aborder l'éducation de façon peut-être moins formatée.

Mais quand j'ai débarqué chez ma meilleure amie et que j'ai découvert son étagère de jouets triés par formes et par couleurs (alors que chez moi on en était au stade où les Playmobil® se retrouvaient dans la pâte à modeler et les LEGO® dans les petites voitures), je me suis dit que, honnêtement, ça allait trop loin. Et je ne vous dis même pas le nombre de fois où mes enfants ont plus joué avec la boîte en carton qu'avec le jouet lui-même ni les heures passées à observer un bâton trouvé par terre ou un mouchoir chiffonné. (Mais je crois que c'est très Montessori, ça aussi.)

Et encore, je crois que j'ai échappé au pire. Je parlais l'autre jour à une amie fraîchement parent qui me disait que chez les parents autour d'elle, la « folie Montessori » était devenue encore plus délirante. Apparemment, il ne faudrait plus faire dormir les enfants dans des lits à barreaux, parce que ça ressemble... à une prison ! Il faudrait à ces messieurs-dames de moins d'un mètre un matelas deux places (allez, un 140 cm ira bien, ils n'ont pas osé aller jusqu'au king size... pour le moment) pour qu'ils « puissent s'exprimer » pendant la nuit. Résultat ? Ils s'expriment !

De son observation empirique, étrangement, aucun de ces enfants ne fait ses nuits. Ni à 6 mois. Ni à 1 an. Ni à 2... Ni à 4 ! Eh oui, les petits chérubins sont LIBRES de déambuler n'importe quand, quand ça leur chante, et le parent n'a qu'à s'adapter. Sans parler de la vie sociale : tu invites tes potes montessoriens à passer un week-end chez toi et il faut réaménager ta maison : « Y a moyen de lui mettre un matelas en 140 par terre steuplé ? »

Donc en résumé le parent devient fou, épuisé, azimuté, cramé, mais ça serait pour le bien de l'enfant tout-puissant.

Idée reçue

C'est fou comme tout le monde sait comment élever un enfant.

Sauf les parents, en fait.

Il faut arrêter de déconner, là. Ou alors on donne le droit de vote aux enfants et on part tous sur une île déserte. L'île aux parents. Ça ferait une bonne émission, tiens !

On n'est pas obligé de tout théoriser. L'enfant doit vivre dans la vraie vie, celle des rencontres fortuites et du chaos contrôlé, avec ses parents comme guides et des limites claires et strictes. On se prenait moins la tête avant et on n'était pas pour autant moins intelligent, bien au contraire puisque je lisais récemment que les nouvelles générations ont pour la première fois perdu des points de QI (merci les écrans). Ma pensée peut paraître simpliste mais je refuse de faire de la vie de parent un métier de chercheur qui prend son enfant pour un cobaye ou qui sacrifie totalement son bien-être au service exclusif de l'enfant selon des théories qui changent tous les vingt ans.

Si on redonnait un peu de place au bon sens et qu'on se lâchait la grappe un bon coup ?

La maison rangée

Je suis bordélique, mais je me soigne. Je pensais que ça s'arrangerait en devenant parent, parce que la responsabilité, l'exemple à donner, l'âge de raison et bla-bla-bla.

Eh bien non, pas du tout. Le bordel est bien là. La seule différence, c'est qu'on est plusieurs à y participer activement. Plusieurs fois, j'ai cru être engloutie par les piles de linges et les jouets. Je me suis mise à redouter le bac à linge. Je dirais même que je suis devenue « lingeophobe ». Je ne peux plus voir un seul vêtement en peinture. J'ai l'impression que ce sont des êtres vivants dotés de volonté et capables de se reproduire. Jamais le manège ne cesse. Ah si. Quand les enfants sont chez les grands-parents. Pourrait-on arrêter de se changer tous les jours ? Quelqu'un pourrait-il faire l'éloge du sale ? Et pourrait-on ne se laver qu'une fois par semaine, les jours de beau temps, comme nos ancêtres ? Ce serait pas plus écolo, ça ? Je ne sais pas vous, mais le jour (c'est arrivé très rarement) où j'ai enfin réussi à venir à bout du bac à linge sale (ça m'a pris une journée entière), j'ai eu un sentiment de jouissance proche de l'orgasme. Si si.

Et il n'y a pas que le linge. Je ne sais pas si c'est parce que j'ai des garçons (ouh le cliché !), mais je continue à échouer lamentablement quand il s'agit de leur faire ranger les jeux auxquels ils ne jouent plus ou mettre leur chambre en ordre. Devoir escalader une montagne de LEGO® et une rivière de vêtements pour aller au lit ne semble pas du tout les déranger. Le problème, c'est que ce n'est pas seulement dans leur chambre. Si au moins l'immense bazar était confiné, je ne me plaindrais pas.

Mais non. Comme une vilaine maladie, le mal se répand au salon, à la cuisine, et jusque sur ma taie d'oreiller ! Le moment où tu te crois enfin libérée et où tu écrases ta tête épuisée sur un petit LEGO®, tu te mets à comprendre les psychopathes. La jambe de Playmobil® peut faire assez mal aussi. Les toupies Beyblade®, j'en parle même pas (les concepteurs de ce type de jouets, pourriez-vous penser aux parents, s'il vous plaît ?)

Autre vilain mal : les chaussures. Soit tu investis dans un meuble très laid qui prend toute la place et ne contient que 10 paires de chaussures alors qu'il t'en faudrait 50 puisque tes enfants changent de pointure tous les deux mois et que tu gardes toutes tes anciennes paires que tu espères remettre un jour (quand tu arrêteras de courir, parce que les talons de 10 centimètres pour le marathon du matin, ça fait un peu mal aux chevilles), soit tu te retrouves rapidement avec une marée de chaussures étalées dans ton entrée jusqu'à ne plus pouvoir ouvrir la porte.
Bref, j'espérais épargner mon salon, mais c'est une lutte quotidienne dont l'arme principale consiste à faire des tas qui avancent doucement vers leurs destinations finales (chambres ou poubelle, selon l'humeur). Souvent, tu hurles comme un putois parce que tu viens de marcher sur un cube et que ça te déchire le pied. **Et à ce moment-là, l'éducation positive, tu te la mets bien où je pense et tu vas pleurer dans les W.-C.**

Et puis, miracle, tu découvres dans un article scientifique extrêmement sérieux que tu as réussi à zyeuter sur Facebook dans les W.-C. (après avoir pleuré) que les bordéliques sont des gens géniaux et ça te met du baume au cœur. **On n'a pas lamentablement échoué, on est géniaux. Ouf !**

Ah ! Si j'avais su

Avant, quand j'invitais des amis, le salon était rangé.

Maintenant, s'il y a un petit espace libre sur le canapé, **c'est bon.**

LE MONDE PARALLÈLE DES CONVERSATIONS OVER RELOU ENTRE PARENTS

Stade 1 : pipi-caca-popo, réduction cérébrale maximale

Si, vous aussi, vous adorez vous torturer les neurones avec des lectures métaphysiques sur la condition humaine et l'avenir de l'homme, ou des romans sur l'exil, l'amour, la guerre et tous ces petits sujets légers, **je peux vous assurer que la maternité vous ramène à de vrais sujets terrestres,** et ce en moins de temps qu'il ne faut pour le dire. Le tout jeune enfant a la faculté de te rappeler à quel point nous sommes bien peu de choses. Et ce n'est pas l'amour, la mort, la vie ni rien de tout cela qui conditionne au bout du compte une bonne ou une mauvaise journée, mais bien l'état gastrique de ton enfant (et le tien évidemment). Tout à coup, toute ton attention se retrouve concentrée sur les seuls vrais sujets : a-t-il bien fait caca ? Combien de fois a-t-il fait ? Le caca est-il en bonne forme ?

Avant d'avoir des enfants, je n'imaginais pas à quel point cette masse qui nous dégoûte, nous fascine et nous fait rire depuis notre plus tendre enfance déterminait notre destin. On revient aux vraies choses essentielles et le sujet jadis tabou devient le centre des conversations entre jeunes parents. Ainsi, je me retrouvais à dîner ou à prendre l'apéro avec des amis, et je me rendais compte qu'une bonne partie de nos retrouvailles tournait autour des selles de nos enfants respectifs et des expériences plus ou moins drôles qu'on en avait eues.

Au début, je me disais que non seulement on avait perdu nos nuits et notre vie sociale, mais en plus nos seuls sujets de conversation avec nos amis seraient dorénavant l'état dans lequel on a retrouvé la couche et la bonne interprétation de cet état. Ça craignait carrément. Puis, je me suis dit qu'aucun sujet n'était finalement bas ou ridicule, et que si cette chose qui pue était le baromètre de notre bonne santé, alors elle méritait notre respect et notre infinie considération. Je vous rassure, je ne suis pas devenue fétichiste du caca, mais il est vrai que la gêne que je pouvais éprouver face à ces questions a totalement disparu avec la maternité.

Je me sens un peu comme les médecins capables de parler de tous types de fluides de façon totalement détachée et sans le moindre dégoût. Jamais je ne me serais crue capable de ne ressentir aucune appréhension à la vue de mon enfant se roulant hilare dans son caca ni de fourrer mon nez contre la couche de mon fils pour m'assurer qu'il pue suffisamment pour que je me fatigue à la changer. (Je vous invite à observer les jeunes parents, c'est très drôle de les voir se coller aux fesses de leurs enfants même en plein repas, parce que c'est une question de survie, messieurs-dames).

Il y a des situations cocasses. Qui n'a pas vécu la fameuse couche qui déborde jusqu'au milieu du dos de notre enfant qui, lui, continue à sourire parce que ça ne le dérange pas le moins du monde de baigner dans sa substance fécale ? C'est drôle, vraiment, alors forcément, vivement qu'on le raconte au prochain dîner. Ou mieux... quand va-t-on dégainer l'appareil photo ? Je ne l'ai pas fait de peur que mon fils m'en veuille plus tard et reste traumatisé (une fois de plus !). Je ne voulais pas que cela nuise à son futur épanouissement sexuel. Dommage, c'était mémorable.

Ce qui est sûr, c'est que la zone du cerveau utilisée se réduit aux éléments de survie. Enfin, ce n'est pas complètement sûr, mais je pense quand même que le jeune parent n'a pas la même activité cérébrale que les autres. Si tant est qu'il en ait encore une. Pas besoin d'aller sur la Lune pour vivre des expériences extrêmes ! _

Les sujets de conversation avant / après avoir eu des enfants

Stade 2 : mon enfant est un génie !

J'avais toujours trouvé ridicules les parents crânant et vantant les mérites de leurs enfants. Ton enfant n'est pas parfait. Non, il n'a pas uniquement hérité de tes qualités. Que tu veuilles le voir ou non, des tares, il en a plein, et ce sont d'ailleurs elles qui le rendent aimable et attachant, bizarrement.

Mais ça, c'était avant.
Quand j'ai vu mon enfant pour la première fois, je n'ai pensé qu'une seule chose : « C'est le plus beau bébé de la Terre entière ». **Oh punaise ! Moi aussi je tombais dans le panneau.** Le pire, c'est que je le pensais du plus profond de mes entrailles, sans espace pour le moindre doute. Humilité zéro. Tout ce qu'on nous avait appris sur nous-mêmes (ne te vante pas, sois modeste, cesse de te mettre en avant) disparaissait d'un coup d'un seul, et les pires attitudes de narcissisme prenaient le pouvoir intégral sans aucune nuance.

Je me suis ainsi découvert un vrai talent de commercial, capable de faire passer un petit pois pour une fusée (attention, je ne dis pas que mes enfants sont des petits pois, hein !).

C'est bien simple, à m'entendre, mon enfant était un mix d'Einstein et de James Dean, doté d'un esprit fulgurant, de capacités cérébrales hors normes et d'un physique de dieu de l'Olympe en devenir. Je regardais les enfants, à la maternité ou au parc, et je voyais bien que mon enfant était beaucoup mieux pourvu que les autres. Il bougeait davantage, ce qui pour moi était le signe d'une extrême vivacité, il ouvrait plus grand les yeux, il babillait de façon plus organisée, il respirait intelligemment, bref, ça se voyait, je vous jure.

Sûre de moi, incapable du moindre recul, je demandais à qui voulait bien jouer le jeu la validation de cette vision de mon fils comme un être surnaturel : « Tu as vu comme il est beau ? Non, mais sérieusement tu as déjà vu un bébé aussi magnifique ? Normalement, les nouveau-nés sont laids. Lui est parfait, tu es d'accord, non ? C'est objectivement vrai, non ? »

Qu'il ne sache pas faire de vélo sans petites roues à 5 ans n'avait rien de significatif, mais qu'il maîtrise des mots comme « fuchsia » à 2 ans ou qu'il rentre les cubes dans les formes six mois avant son cousin, ça, c'était une preuve irréfutable de son caractère exceptionnel.

Aujourd'hui, avec le grand âge, la maturité et l'expérience (la sagesse, en somme !), **je pense toujours que mes enfants sont les plus beaux et les plus forts** en tout (comme leur mère). Mais je vois aussi leurs nombreux défauts (si craquants, sauf quand ils sont trop relou et ne veulent pas ranger, râlent pour un rien, ne débarrassent pas la table…) **et je serais la plus fière du monde si j'avais réussi à leur donner une immense confiance en eux, ce qui, pour moi, fait toute la différence dans la vie après.**

Pensée honteuse

Je suis en train d'assister au spectacle de fin d'année.

En toute objectivité, sans mes enfants, ce serait un navet.

Stade 3 : l'apéro pour oublier

Une fois sortie de ta période « mon enfant est parfait alors je me la pète gratos », tu entames une nouvelle phase que je qualifierais de plus authentique, où tu redescends de ton nuage et commences à voir la réalité en face.

Non, je n'ai pas enfanté le futur prix Nobel d'astrophysique (quoique, c'est trop tôt pour le dire…). Non, mon enfant n'est pas Mozart (mais il joue quand même très très bien et avec beaucoup de sensibilité, c'est ça qui compte, non ?). Non, mon enfant ne sera pas le prochain Mbappé (bah… c'est pas bien de gagner trop d'argent, de toute façon).

J'ai donc commencé à les lâcher un peu, à cesser de tenter de leur imposer ce que j'aurais voulu réussir, à les laisser être eux-mêmes et découvrir d'autres facettes de leurs personnalités.

Par exemple, il m'était impensable d'avoir des enfants non musiciens, ils devaient si possible jouer du piano. L'un deux a voulu faire de la batterie. Après une phase trompette (vu le prix d'une batterie et la place que ça occupe…) que les voisins ont moyennement appréciée, j'ai fini par céder. Et rien qu'à voir son sourire, pas de regret pour le piano ! Aujourd'hui, il joue comme le batteur des Rolling Stones (et hop, c'est reparti pour la vantardise. Pardon, j'essaie de me soigner !).

En fait, j'ai trouvé une solution pour redescendre un peu sur terre : l'effet miroir (et les mojitos). La recette est simple : **appelez des amis parents, retrouvez-vous autour d'un apéro, et lancez le sujet des dons incroyables de vos enfants.** Au milieu des paroles élogieuses, je pars généralement dans un immense éclat de rire : « Je pensais que seul mon enfant était génial et parfait, mais je vois que c'est contagieux. » Là, deux réactions sont possibles : ceux qui se mettent à se moquer d'eux-mêmes, et les autres qui ne saisissent pas encore, soit parce qu'il leur manque deux ou trois mojitos, soit parce qu'ils ne méritent pas d'être vos amis. Vive la tolérance !

Le programme de la rentrée

Lever à 6 h pour l'entrée en 6ᵉ du grand.

Petit dej avec la radio qui fait un sujet sur la rentrée.

Coup d'œil à Facebook : tous les parents ont pris leur enfant en photo, nouveau cartable sur le dos, sauf moi.

JT de 20 h sur la ruine générée par la rentrée.

Soirée au téléphone : quinze coups de fil pour raconter la rentrée à toute la famille..

Moi je dis, buvons pour oublier

LE CONCOURS DE QUÉQUETTE PARENTAL : LA JOIE DE LA SCOLARITÉ

L'angoisse du retour à l'école à travers son enfant

Enfants magiques

« T'as fait quoi à l'école aujourd'hui ?

– Chépu.

– T'as mangé quoi ?

– Chépu. »

Va-t-il se faire des amis ? Sera-t-il invité aux anniversaires ? Ne va-t-il pas taper tout le monde ? Mangera-t-il bien à la cantine ?

Voilà le genre de questions qui m'angoissaient terriblement à la veille de la première rentrée de mon premier enfant. Sachant qu'il n'était pas encore propre trois jours avant… Les enfants ont cette très légère capacité à se moquer de nous. Après un été rythmé par mes tentatives désespérées de voir mon fils faire ses besoins sur le pot, lui qui avait su lire à tout juste 3 ans, il me renvoyait au visage la vanité de mes actes. C'était bien lui, et lui seul, qui déciderait du moment où il jugerait le pot plus apte à recevoir ses productions organiques que le sol immaculé (ou presque).

Parfois, je l'observais au parc et j'essayais de deviner comment il se comporterait en classe, lui qui n'avait jamais eu la chance d'avoir une place en crèche. Quand j'étais petite, nous allions l'été dans le Sud avec mes parents et au bout de deux jours je connaissais tous les enfants de la plage. Nous formions un immense groupe joyeux (et bruyant) qui était le théâtre des plus grosses batailles de pistolets à eau et de convois de bateaux gonflables inimaginables. Je me demandais si mes enfants aussi seraient comme ça. **Évidemment, ça n'a pas été le cas.**

Mon aîné était plutôt du genre introverti, très contemplatif, nerveux et plutôt tourné vers les activités cérébrales et solitaires que vers la vie en groupe. Dès l'âge de 6 mois, il pouvait passer des heures à écouter le même CD (oui, à l'époque on écoutait des CD), inlassablement. Vous vous en doutez, l'école n'était pas tout à fait adaptée à son type de personnalité et les débuts ont été franchement chaotiques, au point que j'ai cru qu'il ne pourrait pas continuer dans le système classique (en tout cas, c'est ce que m'avaient dit les professeurs !).
Je guettais les invitations aux anniversaires.

J'avais hâte à l'époque (ça a bien changé depuis) de revivre ces moments de fête et de pouvoir préparer des petits cadeaux pour ses copains. Mais aucune invitation ne venait. Rien. Cela semble dérisoire aujourd'hui, mais c'était vraiment source de détresse à l'époque. Avec le temps et un déménagement, les choses ont bien changé, mon fils est devenu un enfant très sociable, qui aime être en groupe et dispose d'une aura que je ne soupçonnais pas. Je vous en parlerai plus tard !

Mon cadet, lui, me ressemblait beaucoup. Il s'est immédiatement fait des groupes d'amis (ce qui a certainement dû mettre la pression à son frère). Et tous les week-ends, c'était la course ! Comme on n'est jamais content, j'avais plutôt envie qu'il soit invité moins souvent, parce que franchement ça ruinait tous mes week-ends **et je n'aime pas qu'on ruine mes week-ends.** _

VENDREDI

Mon top programme du week-end :

SAMEDI

Anniversaire chez Félix à 14 h
Pyjama party chez Mina

DIMANCHE

Journée pique-nique
avec Dariya et Samuel

Quand ton enfant a une vie sociale plus riche que la tienne.

Les autres parents, ces extraterrestres

Le début de la phase scolaire est une petite révolution. Si vous pensiez que l'école, c'était fini pour de bon, préparez-vous à y remettre les pieds, tous les jours ! C'est fou comme les mauvaises habitudes reviennent vite... Figurez-vous que dès que j'ai été moi-même acclimatée à l'idée d'avoir un enfant désormais scolarisé, j'ai été tentée pendant les réunions d'école de refaire la chèvre du fond de la classe, sur ma petite chaise qui ne soutenait qu'une seule de mes fesses (c'est la taille de la chaise, la fautive, pas la taille de mes fesses !). Je regardais les autres parents et chacun semblait reprendre ses habitudes d'antan. Moi au fond de la classe, d'autres en train de bavarder, certains copiant sur le voisin parce qu'ils n'avaient pas écouté, d'autres scotchés à leurs téléphones et enfin ceux qui fayotaient en levant la main toutes les cinq secondes.

Je n'ai jamais aimé les fayots, j'espérais que mes enfants ne seraient pas comme ça. Sérieux, oui, mais avec le côté rock'n'roll du cancre. Je sais, c'est paradoxal.

Je ne sais pas pour vous mais, pendant les réunions d'école, je n'arrive pas du tout à écouter ce qui se dit. Je suis fascinée par les autres parents, je ne peux pas m'empêcher de bavarder et de glousser. Je ne sais pas pourquoi, dès que l'environnement est trop figé, je deviens pire que les enfants. Mon comportement m'a d'ailleurs valu de nombreuses remarques de mes enfants. « Mais maman, écoute un peu ! Maman, arrête de rigoler. Rhoooo. » Et quand ce sont tes enfants qui te reprennent, c'est parfois un peu vexant et tu te retiens de répondre : « Oh, c'est bon, détends-toi ! » (Mince, c'est mon enfant tout de même, je ne peux pas dire ça. Ou plus tard peut-être.)

En tout cas, c'est fou, l'autre jour, je regardais les autres parents et je me disais qu'ils avaient l'air vieux. Alors que moi je suis jeune. Quoi qu'il en soit, les observer me plaît beaucoup, parce que j'ai l'impression qu'on est tous pareils, dans une espèce de mascarade, alors qu'en réalité on a juste envie d'aller prendre l'apéro et de rigoler. C'est d'ailleurs le petit rituel qu'on a instauré avec un groupe de parents qui avaient envie de décompresser. **Les autres, ce sont des extraterrestres, c'est sûr.**

Karma

Il paraît que la fatigue a les mêmes effets sur le cerveau que l'alcool.

Foutus pour foutus, buvons.

La surenchère des activités extrascolaires

Quand mes enfants étaient petits, je ne me suis pas trop posé de questions sur les activités à leur proposer. Il y avait déjà tant à découvrir qu'en proposer davantage aurait été comme brûler des étapes alors qu'ils vivent déjà dans *Alice au pays des merveilles*. C'est vrai, pour nous, un tiroir, un frigo qui s'ouvre, des chaussures, une brosse à dents... tout nous semble normal, mais pour eux, c'est comme découvrir un objet venu de l'espace, et même une planète entière ! Ce doit être extraordinaire de vivre ce moment d'exploration. Dommage qu'on ne s'en souvienne pas.

Bref, je vivais tranquillement ma petite vie quotidienne. Bien sûr, je craquais de temps à autre pour un hochet plus joli ou plus lumineux que les 199 autres et pour tout un tas de livres interactifs, histoire de me dire que je « stimulais » suffisamment mes enfants, mais dès l'entrée en maternelle, **j'ai découvert qu'un tas de parents faisaient faire de « vraies » activités à leurs enfants.** Genre du tennis, de la gym ou de la natation. Des tas de choses qu'il faut, paraît-il, faire avant les 3 ans de l'enfant, sinon c'est fichu et il sera toujours sous-doué.

Et voilà que j'étais de nouveau reléguée (dans ma tête, tout du moins) au rôle de mauvaise mère absolue. Moi qui étais persuadée que mes enfants seraient forcément super éveillés, stimulés, exposés qu'ils étaient à tout un tas d'environnements et de personnalités j'étais une fois de plus prise en flagrant délit de « à la ramasse ».

La première année d'école, c'est carrément la compét' à qui fera faire le plus d'activités à ses enfants. Et là, j'étais perdue ! **On te dit qu'il faut les stimuler, puis tu lis un article sur « les dangers de l'hyperstimulation chez les enfants » avec des séquelles comme l'hyperactivité,** un terme hyper à la mode dont on ne sait absolument plus ce qu'il désigne à part un enfant pas sage, et on te parle des « vertus extraordinaires de l'ennui » tout en te montrant du doigt si ton gosse ne fait pas cinq activités extrascolaires.

Là encore, j'ai fini par tomber dans le panneau, parce qu'au bout d'un moment tu te dis que, dans le doute, c'est mieux d'essayer, et voilà mes enfants inscrits au foot, à l'éveil musical, à la piscine et avec une nounou espagnole censée (je dis bien censée) leur apprendre la langue tout en les sensibilisant aux activités artistiques. Du grand nawak. **Un jour, je me suis demandé si j'arriverais à tenir ce rythme et à ingurgiter autant d'informations sur un temps si concentré.** J'ai essayé, figurez-vous. Théâtre, gym, cours de persan (parce que je suis à moitié iranienne et que j'en avais marre de ne pas savoir dire un mot)... Au bout de deux semaines, j'ai fini comme un vieux légume trop cuit, incapable de bouger les fesses de mon canapé, étalée comme un camembert trop fait. Alors j'ai dit stop à la surenchère, nos enfants ne sauront pas tout, et c'est très bien comme ça !

Il paraît que tout se joue avant 3 ans.

Il me reste six mois pour lui apprendre l'anglais, le chinois, la table de 8 et la conjugaison du verbe choir.

On est large !

COMMENT JE ME SUIS MISE À VÉNÉRER MES PARENTS, CES HÉROS

Wow, ils ont eu des jumelles ! Respect absolu

Ma meilleure amie a eu la bonne idée d'avoir des jumelles. **Et même pire. Elle a eu la bonne idée d'avoir des jumelles un an après avoir eu un petit garçon.** Oui, je sais. Vous vous dites, elle est folle, elle n'a pas dû le faire exprès. C'est aussi ce qu'elle dit. Mais je pense surtout qu'elle voulait faire ses enfants « en brochettes » histoire de s'en débarrasser un bon coup et d'être tranquille après.

Énorme erreur, évidemment, car je peux vous dire que le mot « tranquille » a définitivement disparu de son vocabulaire. Moi, j'ai perdu ma copine pendant deux ans tout pile, exactement comme je l'avais prévu. Alors bien sûr, je la voyais de temps en temps, tous les six mois environ, mais pas plus, et impossible de l'avoir au téléphone passé 21 h, j'avais l'impression de parler à un animal à l'agonie. Elle n'émettait plus que des sons incompréhensibles et il était parfois difficile de savoir si elle riait ou pleurait. En fait, je crois qu'elle faisait un peu les deux, parce qu'elle ne voyait plus rien et vivait dans une espèce de sixième dimension où tout est informe et gris. J'ai bien essayé de l'aider, de temps à autre, mais je dois dire que le peu de temps que j'ai passé avec elle et sa ribambelle de bébés m'a sévèrement calmée.

Comme vous le savez, je suis moi-même jumelle, et **jusque-là, je croyais que mes parents étaient normaux, voire un peu défaillants sur un certain nombre de sujets.**

Après le week-end passé chez mon amie, j'ai compris que c'étaient des héros. Et pas seulement des héros. De vrais super héros tapis dans l'ombre mais capables d'accomplir des tâches surnaturelles. Parce que s'occuper de deux bébés en même temps, c'est une expérience extrême. Je ne sais même pas si on a assez d'amour pour gérer tout ça. Je prenais ces deux petites filles minuscules dans les bras et c'était trop, je ne savais plus où regarder, il y avait trop d'yeux, trop de jambes, trop de tout, et je me sentais intimidée par ce trop-là. Est-ce que mes parents ont vécu ça ? **Avec deux d'un coup, tu n'arrêtes jamais. Tu te transformes en esclave. Il n'y a pas d'autre mot.** C'est peut-être parce que je n'avais pas l'entraînement, pas eu le temps de m'adapter, je ne sais pas, mais ce que je peux vous dire, c'est que mon amie, quand elle entendait sa sœur qui n'en avait qu'un se plaindre, elle devenait violette et ses paroles auraient pu se transformer en flammes.

Elle s'est bien moquée de moi et de mon « Parent Épuisé » alors que je n'avais que deux enfants de deux ans d'écart. Elle m'a dit que j'étais une petite joueuse, qu'un enfant, c'était rien du tout et qu'on avait qu'à tous se taire. Elle le disait avec sa moue rigolote, pleine d'humour, et même ses craquages étaient rigolos. Un jour, elle s'occupait (incroyablement bien) de ses jumelles, et elle faisait parler une poupée devant leurs yeux.

Tout à coup, la poupée s'est transformée en démon, elle s'est mise à parler comme une folle, en chantant trop fort, en passant du grave à l'aigu, un peu comme la fille possédée dans *L'Exorciste*, et les petites regardaient leur mère, hébétées. Puis elle est partie dans un fou rire nerveux, jusqu'aux larmes. Je ne savais pas quoi dire, alors j'ai rigolé et je lui ai dit qu'elle devrait écrire pour Parent Epuisé. Je ne sais pas si j'ai bien réagi, mais ce qui est sûr, c'est que si mes parents se comportaient comme elle avec nous, je comprends pourquoi je suis un peu tarée ! **Quoi qu'il en soit, les parents de jumeaux méritent la Légion d'honneur. Et ceux de triplés ou de quadruplés, s'ils sont encore vivants, la canonisation.**

Karma

On a décidé de pimenter notre vie avec un petit troisième.

Des jumeaux. On le sent bien, le piment.

Bref, ma mère est une sainte

Ma mère ne m'avait jamais raconté comment elle avait vécu ses grossesses avant que je ne lui parle des miennes. Peut-être (sans doute) n'aurais-je pas été capable de comprendre avant de l'avoir vécu. Toujours est-il que j'ai appris que pour elle non plus, ça n'avait pas été tout rose. D'abord, elle avait eu ma grande sœur en Iran, loin de sa famille du nord de la France, et à une époque où les moyens de communication n'étaient pas ceux d'aujourd'hui (wow ! j'ai l'impression de parler comme une vieille), et en 1976 quand on faisait une demande de téléphone fixe à Téhéran on pouvait l'attendre des mois. Tout comme moi en Argentine, à 12000 kilomètres de ma famille établie à Paris, elle était isolée, découvrant absolument seule et sans « transfert de génération » ce que voulait dire « devenir mère ».

C'est fou comme on a l'impression d'être seule à vivre ça, oubliant que des générations et des générations l'ont vécu avant nous dans le silence le plus total. Quand la parole commence à se délier, tout devient plus simple, plus doux, plus normal, et si on était un peu plus préparées ou prévenues, comme on prépare un examen ou comme la fameuse première fois où on fait l'amour, ça aiderait grandement.

Je ne m'explique pas ce tabou qui consiste à faire croire que tout n'est que joie et bonheur à partir du moment où la vie pousse en toi, mais quand je suis en phase cynique (assez souvent, donc), j'en conclus qu'il s'agit d'une arme ultra puissante de la nature qui consiste à nous faire oublier les galères afin de ne pas dégoûter les autres de faire des enfants ! Eh oui, parce que notre rôle, malgré toutes nos questions existentielles, ne consiste qu'à reproduire et perpétuer l'espèce humaine !

Mais revenons à ma mère, qui m'a donc avoué à mesure que je lui révélais mes angoisses, mes doutes, mes sautes d'humeur et mes coups de blues, tout ce qu'elle avait traversé. Et non seulement ça rapproche, mais ça fait sérieusement relativiser, surtout dans son cas où, trois ans après la naissance de ma grande sœur, ma mère apprenait qu'elle n'attendait pas un bébé mais deux, peut-être même plus, parce qu'à l'époque les échographies ressemblaient plus à un tableau abstrait qu'à une photo d'être vivant (aujourd'hui aussi, vous me direz, mais c'était plus aléatoire avant). Comme elle a dû paniquer ! Il paraît qu'elle est devenue blême, ne sachant plus que dire ni que faire. Mon père était tellement fou de joie que ma mère s'est détendue et s'est mise à apprécier l'idée petit à petit. Et elle a eu le temps de s'y faire, parce qu'elle a dû rester alitée pendant six mois (six mois ! Une vie ! Et moi qui me plaignais pour l'alcool...).

Ce sont donc sa mère et sa belle-mère (ouch !) qui sont venues s'occuper d'elle et l'assister pendant tout ce temps. **Passer six mois allongée avec sa belle-mère à la maison, ce n'est pas humain.** Personne ne peut rester vivant et en bon état après une telle punition. Eh bien, pourtant, ma mère nous aime. Enfin, je crois, parce que je comprendrais qu'elle nous haïsse après une telle épreuve.

Alors merci maman, j'espère que tu ne m'en veux pas trop. Après tout, je n'ai pas fait exprès de venir à deux.

—

J'ai hâte que mes enfants deviennent parents...

☐ Pour qu'ils découvrent la joie de la parentalité.

☒ Pour qu'ils comprennent ce qu'on a enduré et nous donnent la reconnaissance qu'on mérite !

Pour éviter leurs défauts, j'en crée d'autres…

Quand on a l'habitude comme moi d'être très critique (mais aussi en bien, hein !), les parents ne sont bien entendu pas en reste. Je peux même dire qu'ils s'en sont pris plein la poire, parce qu'ils étaient sacrément psychorigides, pleins de principes intenables et jamais, absolument jamais, d'accord entre eux. Je trouvais ma mère trop stricte, trop dans la retenue, trop bien élevée, elle parlait de façon trop soutenue, elle n'était pas dans l'air du temps et ça n'avait pas du tout l'air de la déranger. Mon père était trop impulsif, trop irresponsable, trop farfelu, trop enfant, en fait. Le mélange des deux était assez comique à regarder. Mes parents sont des caricatures.

Bien sûr, il était clair que je serais un parent bien. Pas une caricature. Un parent qui sait se détendre et rigoler tout en étant responsable. Un parent dans l'air du temps, jeune, dynamique et bien dans son âge. Mais je me rends compte aujourd'hui que non seulement j'ai reproduit les mêmes erreurs que mes parents (j'ai clairement le côté psychorigide et old school de ma mère et farfelu et irresponsable de mon père), mais j'en ai ajouté d'autres en tentant d'éviter de reproduire les leurs.

J'ai beaucoup reproché à mes parents de ne pas m'apprendre le farsi, la langue nationale en Iran, alors que je suis à moitié iranienne et que c'est une chance formidable d'être un enfant binational. Mais ils s'étaient rencontrés en Angleterre et ne parlaient qu'anglais entre eux. À leur arrivée en France, mon père ne connaissait pas un mot de français et il était impératif qu'il apprenne rapidement. Il a naturellement profité de nous pour progresser en même temps, ce qui fait qu'avec nous, il n'a évidemment jamais parlé persan.

Il était clair que mes enfants devaient grandir en deux langues, le français et l'espagnol, puisqu'ils ont la nationalité argentine et ont appris leurs premiers mots en espagnol. C'était facile et naturel là-bas, mais dès que nous sommes rentrés en France, à part leur lire des histoires en espagnol, qui n'est pas ma langue maternelle, ou tenter de fréquenter des Argentins, c'était compliqué. Pendant un temps, je leur mettais des dessins animés en espagnol pour tenter de maintenir et développer cette compétence. J'ai même embauché une nounou qui ne parlait pas un mot de français. Quand j'y repense, c'était sans doute un peu barbare. Je crois même que j'aurais pu les dégoûter. J'ai fini par lâcher prise, et tout ça ne les a pas empêchés d'aimer les langues.

Il faut bien accepter que, quoi qu'on fasse, on le fait mal !

Karma

Je me suis juré que je ne reproduirais pas les erreurs de mes parents.

J'ai fait mieux.

J'ai aussi reproduit celles de mes grands-parents et j'en ai inventé plein d'autres.

STADE 2

Le lâcher-prise

QUAND JE SUIS AU BOUT DU ROULEAU, JE RIS COMME UNE CHÈVRE

Au lieu de m'énerver, j'ai décidé de rire de moi-même

On ne se refait pas. Quand on a un sale caractère (pardon, je voulais dire « du caractère »), pester et se plaindre, c'est presque automatique. **Une collègue de travail m'a dit que se plaindre était bon pour la santé. Pas de doute, je pète la forme !** Il paraît aussi que nous, les Français, sommes champions du monde dans l'art de nous plaindre. Mais sans ce trait de caractère, on n'aurait peut-être pas fait la révolution. Alors, camembert !

Toujours est-il qu'avec les enfants, la fatigue, l'impatience, les bêtises et tout le reste, **on finit par s'énerver très (très) souvent, et plus on s'énerve, plus on est énervé.** Il y a eu des jours où j'avais l'impression que mon cerveau n'était plus qu'un gribouillis. Vous savez, les gribouillis qu'on voit parfois dans les BD, au-dessus des têtes quand les personnages ne sont pas contents et broient du noir ?

Enfants magiques

J'ai demandé à mes enfants pourquoi ils jouaient dans le salon.

Apparemment, dans leur chambre, c'était trop le bazar.

Un jour où je m'énervais pour la cinquantième fois sur mes enfants qui n'avaient toujours pas rangé leur chambre au bout de quinze rappels et étalaient même davantage leur bazar à mesure qu'ils excavaient des jouets oubliés tellement ils étaient devenus inaccessibles, je ne sais pas pourquoi ni comment, mais je suis sortie de moi-même. Je me suis vue de l'extérieur et entendue hurler comme une hystérique échappée de l'asile. J'étais tellement énervée que les mots n'arrivaient plus à sortir, ce n'était plus qu'une rage folle traduite en grognements et visage rougi.

Et tout à coup, je me suis vue, j'ai vu les yeux écarquillés de mes enfants se demandant comment je pouvais à ce point me transformer et si je n'allais pas exploser. J'ai arrêté d'un coup… et j'ai explosé de rire. J'ai tellement ri que j'en ai pleuré. J'ai dit à mes enfants : « Mais tout ça est ridicule ! J'en ai marre de cette mascarade ! »

Et je me suis mise à les imiter comme dans un sketch, en étouffant de rire et en m'imitant moi-même aussi, bref, à transformer ce moment vécu en un moment drôle à regarder. Les enfants se sont arrêtés net, ils se sont reconnus, et eux aussi se sont mis à rire. J'ai bien essayé de lutter en me disant que j'allais perdre toute crédibilité, mais quand vous êtes à ce stade de fatigue, ça devient nerveux, comme les fous rires, et totalement incontrôlable. Ce qui est fou, c'est que les enfants non seulement n'en ont pas abusé, mais ont eu l'air de comprendre par effet miroir leur comportement abusif. Après ce fou rire à trois, ils m'ont sauté dans les bras et m'ont a fait un énorme câlin. **Quelque part, on parlait le même langage. Ils ont rangé leur chambre, fiers de me faire plaisir et peut-être heureux d'avoir partagé ce moment.** —

Regarder mes amis galérer m'a décomplexée

Après avoir vécu les premières étapes de la parentalité, c'était au tour de mes amis de passer par là. J'étais une des premières à avoir des enfants, alors j'ai un peu eu l'impression d'essuyer les plâtres, en plus de devoir sauver la face en faisant croire que je gérais, que tout était cool et que ma vie était formidable. Alors, j'ai serré les dents et, comme tout le monde, j'ai fait semblant.

Mais je peux vous assurer que quand ça a été le tour de mes amis, je jubilais d'avance de les voir emprunter exactement les mêmes routes que moi... **Se délecter du malheur des autres peut sembler cruel, mais sincèrement qu'est-ce que ça fait du bien !** Étrangement, tout paraît plus drôle une fois que vous n'êtes plus le protagoniste de l'intrigue.

Le décor, je le connaissais déjà. Je revivais chaque étape de ma propre histoire, je m'amusais à anticiper les dialogues que nous aurions quelques mois plus tard ainsi que leur état physique et celui de leur appartement. Exercice franchement comique.

D'abord, la première phase : tes amis t'annoncent qu'ils essaient d'avoir un enfant. Là, bien sûr, rien de drôle, tu espères juste qu'ils vont rapidement réussir parce que j'ai l'impression que, pour notre génération, c'est limite miraculeux de tomber enceinte naturellement. Les spermatozoïdes n'ont plus l'air d'avoir la patate (d'ailleurs, je trouve bizarre qu'on en parle si peu). Bref, tu attends, tu espères, et tu adoptes plutôt un discours du type : « Ça va venir, c'est sûr, la vraie infertilité est ultra rare, n'y pensez plus et ça viendra tout seul ». Quel conseil débile d'ailleurs ! Évidemment que le couple qui essaie depuis des mois, voire des années, ne peut pas penser à autre chose... Ils ne font plus l'amour, ils font des « tentatives ». Ils « visent ». Ils font de la fécondation in vivo. Rien à voir avec faire l'amour, c'est certain. Ça non plus, on n'en parle pas.

Enfin, voilà que je m'égare à nouveau. Donc, quand enfin ils t'annoncent la grossesse, ils rayonnent, ils sont heureux, ils jubilent, ils se projettent et tout est rose. **Passent toutes les phases de la grossesse, la future mère de plus en plus épuisée, puis impatiente, puis énervée contre le futur père qui, lui, vit comme d'habitude alors que non, quoi !** Et enfin, les jours qui précèdent la naissance, c'est le regain d'énergie, l'impatience mêlée d'angoisse et d'interrogations face à cet événement majeur et inconnu sur le point de chambouler leur vie... Puis, vient le moment de la naissance et la bascule opère, visible et palpable, sourires fragiles sur fond de cernes et de questionnements incessants.

Un soir, je dînais avec des amis peu de temps avant la naissance de leur premier enfant. Je me suis dit : « Il va se passer beaucoup de temps entre aujourd'hui et votre prochain dîner dehors. Ah si vous saviez comme cette soirée si anodine, dîner tranquillement chez des amis en l'ayant décidé à la dernière minute, sera mission impossible d'ici quelques jours… » Mais bien sûr, c'est l'omerta, alors je n'ai rien dit.

Ça n'a pas loupé. Le tsunami est passé, le bébé est né. Je me suis amusée à prendre une photo d'eux avant (au dîner) et après. On les reconnaissait à peine, exactement comme je l'avais imaginé. Je suis entrée dans leur salon (ils sortaient de la maternité), je les ai regardés, et j'ai rigolé ! « Vous êtes tellement des parents épuisés ! C'est trop chou ! Vous verrez, ça ne sera pas comme ça toute votre vie. » Ils ont ri aussi. Enfin, elle, je ne sais pas vraiment si elle riait ou si elle pleurait, je crois un peu des deux, mais ça leur a fait du bien après s'être pris une enclume sur la tête.

Ce qui est sûr, c'est que voir mes amis jeunes parents galérer avec mon regard de parent déjà « de l'autre côté » – bref, de sage – m'a fait sourire… Et j'ai revu mes débuts chaotiques à travers un prisme très déculpabilisant, un peu comme on regarde un sketch à la télé. **En fait, c'est ça, être parent : c'est un sketch beaucoup plus drôle quand tu le regardes que quand tu le joues !**

—

Ah ! Si j'avais su

« J'en peux plus d'être enceinte, j'ai tellement hâte que le bébé arrive. »

C'est sûr, après tu vas bien te reposer, mouahahahahah !

Ma vie, une fabrique à punchlines !

Au début, Parent Épuisé, c'était un peu ma bouée de sauvetage. Il s'agissait juste de mettre de petites phrases drôles entre ma vie de mère et le vrai moi, histoire de ne pas m'oublier, d'utiliser encore un peu mon cerveau et de sortir de mon rôle exclusif de mère le temps d'une blague. **Quand j'ai vu à quel point nous étions nombreux à vivre exactement la même chose, j'ai eu l'impression que je venais de trouver l'arme fatale pour délier les langues,** casser les tabous, rompre l'isolement des gens et les unir autour de ces petites galères universelles, qui sont si drôles quand on les couche sur le papier. En quelques phrases, un moment que tu as super mal vécu, où tu avais envie de t'enfoncer six pieds sous terre, peut se transformer en un moment comique, voire génial. Ma vie devenait une pièce de théâtre qui s'écrivait à chaque instant et dont j'allais pouvoir tirer du rire et de l'universel. Mes galères racontées avec légèreté avaient le pouvoir de faire du bien aux autres. De soulager mes pairs. De diminuer le pathos des difficultés rencontrées. De faire se parler les parents entre eux. De sentir qu'on fait partie d'une grande aventure unique et drôle, et que tout cela constitue une chance magnifique.

À force, j'ai l'impression que ma vie tout entière s'est transformée en fabrique à punchlines. Pire, mes enfants se sont mis à participer. Désormais, quand ils font une bêtise et que je les gronde, il leur est arrivé bon nombre de fois de me rétorquer avec insolence : « Ben, c'est super, c'est un post Parent Épuisé grâce à nous ! » et de me dire : « Nous, on va monter Parent Épuisant ». Oui, les enfants ont de l'esprit.

Ainsi, ce énième matin où j'avais dû reposer quinze fois ma tasse de café parce que le grand ne trouvait pas sa chaussure droite, le petit s'était rendu compte que ses affaires de piscine avaient moisi dans son sac (oui, je sais, c'est immonde, mais oui, ça moisit vite dans un sac, je vous jure, et ça peut arriver à tout le monde, surtout à un parent épuisé), je me suis exclamée : **« Mais c'est impossible de boire son café chaud avec des enfants ! »** et, immédiatement, je me suis dit que c'était un post. Aussitôt dit, aussitôt fait. Devinez quoi ? On était plus de 300 000 à vivre la même chose au même moment. Et d'un coup, ces situations deviennent tellement drôles ! Tout cela est une grande comédie dont il suffit de s'emparer du script. Quelques mois plus tard, on sortait le « thermos de survie » pour réussir à boire son café chaud (avec le thé, ça marche aussi). 1200 sont partis quasiment immédiatement. _

Recette du café glacé

Étape 1 : faites un enfant.

Étape 2 : préparez un café.

C'est prêt !

JE SUIS PASSÉE EN GARDE ALTERNÉE, ET ÇA A DU BON !

La garde alternée, cette surprise

Pour une fois, ce sont les choses bien qu'on m'avait cachées ! Tout le monde parle du divorce comme d'un drame. On connaît bien la souffrance et les difficultés liées à cet événement devenu très habituel dans nos sociétés modernes, mais si c'est un moment indéniablement déstabilisant dans la vie d'une famille, il y a malgré tout de vrais avantages. D'ailleurs, s'il n'y en avait pas, personne ne divorcerait.

Je n'ai encore jamais osé aborder franchement le sujet sur Parent Epuisé, de peur de blesser certains et certaines en plein marasme, car c'est plus drôle après que pendant. **Mais il y a quand même un élément que je trouve génial : la garde alternée.** Au début, ça me déchirait le cœur, je me disais que je ne survivrais pas une semaine sur deux sans mes enfants chéris, que c'était horrible, inhumain et qu'on était faits pour être ensemble tous les jours, à tout prix.

Il s'agissait comme souvent d'une posture de panique qui ne reflète pas la réalité. **L'humain est beaucoup plus adaptable que ce que je pensais, et les enfants, en particulier, prennent le pli plus facilement que nous** s'ils sont dans un environnement où règne une confiance forte. J'ai tout fait pour qu'ils ne ressentent pas ma détresse, pour pétiller de joie (ou faire semblant) quand je les voyais, pour faire comme si ce n'était rien et que tout passait très vite quand notre semaine se terminait, pour ne pas générer d'angoisse chez eux.

Je ne dis pas que j'ai tout fait parfaitement, mais ils se sont formidablement adaptés, et il n'y a pas eu d'adieux déchirants, loin de là (c'est plutôt moi qui pleurais quand ils étaient partis...). Petit à petit, chacun s'y est fait, et ma petite routine « double face » s'est peu à peu installée. Honnêtement, **je ne me souvenais plus de la formidable liberté de la solitude, sans contraintes, sans responsabilités,** légère le temps de sept petits jours. Enfin, je pouvais à nouveau penser à moi. Enfin, j'avais un appartement rangé, tous les jours. Enfin, je pouvais prendre des apéros à l'arrache avec mes copains eux aussi en garde alternée. Non seulement ça, mais le moment où je les retrouvais n'était que joie. J'étais bien, j'avais eu ma dose de liberté, ils m'avaient manqué et j'étais prête à passer un vrai moment de qualité avec eux. Un moment où j'étais absolument dévouée à leurs besoins, leur bonheur et leur amour. On perd la quantité mais on gagne la qualité. Pour la première fois, je prenais un plaisir fou à dîner avec eux, je mesurais le côté exceptionnel de la chose, et je n'avais plus l'impression que ma vie était une suite ininterrompue de corvées.

Néanmoins, ce changement d'état d'esprit n'est pas immédiat et, au départ, il a généré chez moi un véritable vertige. Quand on s'est oubliée pendant si longtemps, sans même s'en rendre compte, devoir savoir qui on est, ce qu'on veut et être mise face à cette liberté n'est pas chose aisée. C'est un véritable moment de réinvention, après les enfants, au-delà de la mère. **En ce qui me concerne, je me suis reconnectée à moi-même, je me suis redécouverte, avec de nouvelles forces, plus solide encore que ce que j'imaginais.** C'est à ce moment-là que je me suis lancée dans l'aventure Parent Épuisé, choisissant l'entrepreneuriat à un moment où tout était pourtant instable autour de moi. Ce choix a été libérateur et extraordinaire, même si rien n'a été facile, et c'est pour cela que je tenais absolument à le partager avec vous. –

Règle d'or

J'ai trouvé la solution idéale pour avoir un peu de temps pour moi.

Divorce + garde alternée

Ma vie d'ado une semaine sur deux

Une semaine sur deux, j'ai retrouvé une vraie vie d'ado, ponctuée de pots, d'apéros, de sorties, de cinés, de musées, de restos, d'heures entières au téléphone, de séries enchaînées jusqu'à des heures tardives... Je ne me rappelais plus que je vivais comme ça avant. Ce qui est drôle, c'est qu'il y a un âge, du moins à Paris, où presque tout le monde divorce. L'écueil qui était vrai à une époque n'en est plus un. On n'est plus seul, on n'est pas non plus original, et c'est très facile de se retrouver à beaucoup pour peu qu'on cale les semaines avec ses potes en garde alternée. Ma famille à ce moment-là a pris une autre forme. Ma semaine avec eux est devenue une semaine où on se retrouvait aussi avec les enfants de mes amis séparés, qui, à leur tour, se sont mis à former un petit groupe d'enfants partageant la même histoire, en partie.

Quel kif de ne pas avoir à faire la cuisine, de me gaver de chips sans avoir à me cacher devant le sixième épisode enchaîné de *Game of Thrones*, de pouvoir dire oui à des soirées qui avant me passaient sous le nez, de ne pas avoir à raquer le triple en baby-sitter quand tu vas au resto... C'était magique et fou de sortir du travail et me dire : « Bon, je fais quoi ce soir ? »

Ah ! Si j'avais su

« Le temps, c'est de l'argent. »

J'ai enfin compris le vrai sens de cette expression en allant au resto avec une baby-sitter à la maison.

Honnêtement, au début, il y a même un côté vertigineux. Je me suis même surprise à me demander ce que je faisais avant. Tant de temps libre, d'un coup !

J'avais l'impression de redevenir jeune, légère, la fille d'avant la mère, mais en ayant perdu le mode d'emploi. Le petit dommage collatéral, en revanche, c'est que tu as désormais tendance à ne plus parler qu'à des parents séparés, parce que les autres, tu le sais d'avance, ne sont pas dispos. En général, le premier texto commence par « Hey, on se voit bientôt ? C'est ta semaine enfant ? », et le « bientôt » du parent séparé (ce soir) n'est pas le « bientôt » du parent classique (dans six mois).

Et ô comble du luxe, pour une fois, les activités que je cherchais sur internet n'étaient pas pour les enfants, mais pour moi ! Face à cette liberté nouvelle, j'ai été prise d'une véritable boulimie d'apprentissages et de découvertes. Non pas que je ne faisais rien avant, parce que, même en mode zombie, j'essayais, mais je n'ai par exemple jamais autant lu de ma vie (et apprécié à quel point c'était précieux et unique). Grâce à cette expérience dont je mesure, d'une certaine manière, le luxe, je suis convaincue qu'il est vital de s'accorder du temps, ce temps dont on ne dispose pas dans une famille traditionnelle. Je suis sûre qu'il est possible de s'organiser pour parvenir à s'octroyer ce temps si précieux qui évite qu'on ne s'oublie complètement. C'est drôle, parce que mon ex-conjoint a trouvé lui aussi que ce nouvel équilibre, seul et en famille, était la bonne surprise du divorce.

Bref, ce n'est pas une raison pour divorcer, mais vous pouvez essayer de trouver une routine où, chaque semaine, vous avez chacun une soirée pour vous et une autre pour le couple, juste le couple et personne d'autre.

LES SECRETS D'UNE JOURNÉE RÉUSSIE

Tout se joue au réveil

Les enfants, et les ados en particulier, sont d'humeur inégale et retiennent rarement leurs émotions, ce qui rend parfois le quotidien assez irritant. Quand ils sont contrariés, ça se voit, ils râlent, ils font de vilains yeux et on ne peut rien en tirer. Quand ils sont contents, c'est toujours trop, une euphorie débordante dont même les voisins du bout de la rue peuvent être témoins. Normalement, en grandissant, ça s'arrange et l'enfant « s'assagit » (ah ah ! je ris !). Il apprend à contenir et à filtrer ses émotions selon les règles de la vie en société. Le problème, c'est que je suis souvent comme un enfant. J'ai tendance à ne rien retenir, parce qu'il « faut que ça sorte » et que sinon mon cerveau est trop encombré. Je suis bien trop impulsive pour me comporter en adulte responsable. J'essaie, bien sûr, histoire d'être prise au sérieux de temps en temps et parce que je n'ai plus 20 ans (ni 30, mais chut). C'est globalement un exercice extrêmement difficile. Quand je retiens mes émotions, je bous à l'intérieur et ça se retourne contre moi, enfin surtout contre mon bide en vrac.

Une chose en particulier me rend imbuvable, et je vous jure que je n'exagère pas : c'est un réveil intempestif alors que je n'ai pas fini mon cycle de sommeil lent (mon cycle de sommeil lent dure huit heures...), surtout si c'est par une vilaine agression. Genre le réveil à 6 heures du matin le dimanche dans les cris. À ce moment précis, tout mon besoin de sommeil non assouvi se transforme en une fureur terrible et implacable. Ça monte d'un coup et je deviens horrible, j'ai envie de dire des choses affreuses, mais je n'arrive même pas à articuler parce que j'ai la bouche empâtée et le cerveau en veille, ce qui m'énerve encore plus et je hurle comme un zombie, de façon incompréhensible mais volume 65. Je le savais déjà, mais quand j'ai vu mes enfants réagir de la même manière, c'est devenu indéniable, voire comique (les jours où j'ai assez dormi).

Il me semble que ce qui définit l'humeur du jour n'est pas tant l'heure du réveil, mais la façon de se réveiller. En regardant mes enfants grogner le matin et en faisant un certain nombre d'expériences sur eux (non non, ce ne sont pas mes cobayes, je vous assure), je me suis rendu compte que se réveiller avec un moment drôle ou tendre changeait totalement la donne de la journée. Je l'ai expliqué à mes enfants qui sont devenus maîtres en la matière et ont acquis une capacité à gérer mon réveil de façon exemplaire.

Sauf dans le train, quand ils voient que je me suis assoupie et me hurlent « MAMAN, TU DORS ? MAMAAAAAAAAAAAN ? TU DOOOOOOORS ? BEN, PLUS MAINTENANT, BOR*** ! », parce qu'ils estiment que ce n'est pas une heure pour dormir.

D'ailleurs, aux heures les plus sombres de mon cycle de sommeil haché, quand un nourrisson dormait à mes côtés, malgré l'épuisement et l'agonie cérébrale, voir cette petite bouille sourire suffisait à me faire fondre littéralement. Ce sourire, et je pardonnais tout, instantanément. **C'est fou l'immense pouvoir d'une si petite chose...**

Aujourd'hui, j'essaie de me lever le matin avec une énergie positive et, bien entraînés, **les enfants sont géniaux pour nous arracher un rire dans les situations les plus délicates.** La semaine dernière, mon petit, après avoir frappé à la porte (c'est sacré), est entré très contrarié avec sa moue de victime : « Maman, j'arrive plus à dormir parce que mon frère a les pieds qui sentent le fromage. » Évidemment, j'ai rigolé. (Et aucun de mes enfants n'a les pieds qui sentent le fromage, ça va de soi.)

—

Ah ! Si j'avais su

Tu passes toutes les vacances à essayer de les décaler pour qu'ils se réveillent à 11 heures.

Ils finissent par y arriver. La veille de la rentrée.

On observe un peu la même chose avec les personnes qui parlent beaucoup. Comme le flux semble ininterrompu, il est difficile pour l'entourage d'y accorder une importance continue et, sans doute par un effet de lassitude, on finit par ne plus être très bien écoutée. En réalité, je crois que les personnes qui parlent beaucoup pensent simplement à voix haute et entraînent (ou tentent d'entraîner) les autres dans le cheminement de leur pensée, afin de l'enrichir, le confronter, le valider. **Malheureusement, l'idée du sage à la parole rare reste très ancrée dans les mentalités.**

Quoi qu'il en soit, la dichotomie qu'on attendait de moi ne me correspondait pas et j'ai rapidement décidé de trouver le moyen d'allier mon travail avec mon besoin de parler, de rire et de porter un regard décalé sur la vie. Comment ? Tout simplement en le créant moi-même, sur la base de mon vécu et de ce en quoi je crois : Parent Épuisé était né ! Et voilà que non seulement le rire se plaçait au cœur de mon travail, mais mes enfants et ma famille devenaient en plus ma première source d'inspiration ! À la question « Comment faites-vous pour mener de front entrepreneuriat et maternité ? », ma réponse était simple : chez moi, l'un nourrit l'autre, l'autre nourrit l'un, et cet équilibre est formidable. Je vis des situations à la maison, et j'en livre le constat à la sauce piquante sur les pages de Parent Épuisé. Je me croyais seule à vivre cela. Quel bonheur de constater que nous sommes tant à avoir envie et besoin de rire ensemble, de lâcher la pression, de ne pas toujours se prendre au sérieux ! Parent Épuisé m'aide à prendre du recul, à rire des petits tracas familiaux, à en parler de façon légère et même à mieux communiquer avec mes enfants ! Ils l'ont d'ailleurs si bien compris qu'ils en profitent parfois…

Le rire au centre des échanges, même au travail

J'ai toujours trouvé compliqué d'être une certaine personne dans sa vie personnelle et une tout autre dans sa vie professionnelle. C'est fou, ces gens capables de se transformer radicalement : bourreau au travail et agneau à la maison, ou marrant et affectueux dans la vie intime et austère et distant au travail. Cela me semble très impressionnant. Voire inquiétant. Comme si une certaine forme de schizophrénie était nécessaire pour réussir sa vie professionnelle et personnelle. Je n'ai jamais su faire ça. Je suis la même dans la vie privée et au bureau. C'était déjà le cas à l'école, et je souffrais beaucoup du regard négatif et des préjugés liés au fait de rire, sourire ou avoir des mots d'humour, alors que j'étais par ailleurs une personne exigeante, rigoureuse et fiable. J'avais toujours l'impression de devoir faire deux fois plus d'efforts que les autres pour gagner une certaine crédibilité. Ayant une grande sœur dotée d'un caractère opposé au mien, c'est-à-dire introvertie, timide et toujours très sérieuse même si elle était capable du troisième degré le plus piquant, je constatais ce phénomène de façon flagrante.

Le rire, cette arme fatale

L'humour et le rire étaient au cœur de ma vie avant d'avoir des enfants. Je vous ai déjà parlé de mon rire un peu particulier, un rire communicatif dans toutes les situations, je vous jure, dans le métro, dans le train, dans la rue, au resto. Impossible de passer inaperçue avec ce rire. Vous voyez ces filles sublimes sur lesquelles on se retourne tant elles aimantent le regard ? Eh bien moi, c'est ça, mais avec mon rire. Il paraît qu'au début il surprend. J'ai bien sûr l'impression d'avoir un rire tout à fait normal, si ce n'est que je me rends bien compte que je ne contiens rien. C'est comme un éternuement. Je ne comprends pas les gens qui étouffent cette expulsion d'air ordonnée par le corps pour des raisons bien supérieures à nous. C'est sans doute par excès d'éducation. Surtout ne pas se faire remarquer, ne pas trop faire de bruit, faire oublier sa condition de petit animal mortel. Pour ma part, je m'exprime, clairement et sans timidité, avec un rire franc, entier, parfois chantant et qui pourrait s'apparenter au bêlement d'une chèvre (ma spécialité, comme vous le savez).

Je suis convaincue que le rire en dit long sur la personnalité, l'état d'esprit, l'histoire d'une personne, son éducation, et qu'il serait sans doute passionnant d'en créer une véritable discipline, au même titre que la graphologie pour l'écriture manuscrite ou la morphopsychologie pour la forme du visage. Toujours est-il que je suis née avec ce rire de chèvre et que j'ai pendant longtemps cherché à le transformer, le contrôler, le domestiquer. Mais je peux vous dire que ce n'est pas chose aisée ! Comme pour un éternuement, je m'étais mise à ravaler mon rire pour l'étouffer un peu, ce qui le rendait beaucoup plus socialement acceptable. En revanche, moi qui m'étais habituée à des réactions souvent amusantes, toujours propices à l'échange et à la rencontre impromptue, je me sentais comme orpheline, j'avais perdu mon « arme » de socialisation massive... Sans parler de l'effort continu et de la difficulté de devoir en permanence contrôler la chose la plus spontanée et naturelle du monde.

Karma

J'ai dit « à demain » à mes enfants en les couchant. **Et on a ri, mais on a ri !**

On s'est vus 13 fois avant que le réveil sonne.

Bref, vous l'avez compris, j'ai dû assumer mon rire, apprendre à l'aimer et à le transformer en immense force. Là aussi, je me suis mise à faire des tests, pour voir si ce rire étrange pouvait me permettre de déceler les gens intéressants, ceux avec qui j'avais des affinités, ceux capables de retomber en enfance, en bref, ceux capables de ne pas se prendre trop au sérieux. Eh bien c'est incroyable à quel point ça marche. En quelques éclats de rire, les regards se transforment ou se ferment, les visages se décrispent ou se détournent, et il se passe vraiment quelque chose. Constat rassurant, assez peu de gens se prennent au sérieux. J'ai très rarement reçu des remarques ou des regards agressifs, même si certaines personnes se demandent parfois si c'est du lard ou du cochon et ne savent pas trop comment réagir. En tout cas, c'est une véritable arme fatale.

Quand je suis devenue mère, je riais forcément moins puisque mon cerveau était semi-endormi en permanence mais, les enfants grandissant, je me suis amusée à faire des expériences sur les effets du rire (pas juste le mien) sur eux. Par exemple, essayer de dédramatiser une situation où l'enfant est ultra contrarié et pleure à chaudes larmes (« j'ai déchiré mon doudou ») : un sourire rassurant passe bien, mais un rire trop important, bien que bienveillant, l'agresse, l'humilie et le vexe, et il va se mettre en colère pensant qu'on se moque de lui.

Dans des situations inversées, c'est moi qui ait pu être violemment irritée par un rire. Mon grand, plutôt réservé, a une façon bien surprenante de réagir quand il se fait gronder très fort : avant de pleurer, il se met à rire. À rire sans s'arrêter ! Vous imaginez ma tête les premières fois que c'est arrivé ? Je me suis fâchée de plus belle, pensant qu'il se moquait carrément de moi. Je suis allée fort, très fort, trop fort dans mes mots et mon ton, et il ne s'arrêtait plus de rire. Il s'agissait d'un rire nerveux, d'un rire d'impuissance menant inexorablement à une crise de larmes où toute la pression tombait comme un ballon qui se dégonfle. Alors seulement j'ai compris que je tombais moi aussi dans les préjugés contre lesquels j'avais lutté. Ce rire-là n'était pas impertinent. Ce rire-là était une tentative de gérer une tension trop forte, ni plus ni moins choquante que des pleurs. Voilà encore un de mes apprentissages de mère.

Quand la pression est trop intense, de la même manière que j'ai permis, de temps en temps, de faire une minute de gros mots pas beaux sans réprimande, je me suis amusée à faire un exercice en famille : le rire communicatif. Je sais qu'il est à la base de certaines thérapies, mais je les connais mal et ne les ai jamais pratiquées. À la maison, nous avons mis en place un véritable outil de relaxation. On forme un cercle et, chacun son tour, on doit rire, d'abord pour rien, en se forçant un peu, en exagérant ou en imitant un rire, puis très rapidement le rire forcé de l'autre nous fait rire et tout le monde finit par hurler de rire pour absolument rien. Qu'est-ce que c'est bon ! Vu de l'extérieur, on dirait des fous, mais c'est le rire que nous pratiquons en réseau au lieu des jeux vidéo, et sans modération (et même sans alcool) ! Ça marche aussi seule devant le miroir quand on n'en peut plus de rien. Ultra méga efficace, je vous le promets. Et non, je ne suis pas folle. —

PROFITER DE SES ENFANTS ET RETOMBER EN ENFANCE

Comment j'ai lâché prise et retiré mon costume de parent

J'ai toujours eu tendance à trouver les adultes trop sérieux et, moi qui n'aime pas les cloisons, j'étais persuadée qu'il était possible d'être adulte tout en restant capable du même enthousiasme, de la même naïveté fertile, de la même facilité à passer d'une émotion à l'autre en oubliant les contrariétés. Quand mes amis et moi avons eu des enfants, tout ce petit monde est devenu du jour au lendemain un peu trop sérieux, austère, écrasé par notre nouvelle responsabilité de parent et endossant, peut-être par mimétisme, le même habit que les adultes que nous décriions quand nous étions plus jeunes. J'étais frustrée, tiraillée entre la tentation d'adopter cette attitude pour être un parent digne et respectable et celle de rester moi, c'est-à-dire une enfant perpétuelle.

Si j'ai pu être une mère limite sévère quand mes enfants étaient petits, j'ai lâché prise avec l'âge, les voyant toujours plus observateurs et dotés d'un esprit critique de plus en plus affûté. Je trouve le côté parent-gendarme fatigant et agaçant, et j'aimerais parfois avoir un bouton pour qu'un génie sorte de la lampe et s'occupe de cette partie ingrate. Et puis, jouer le parent exemplaire va bien un temps, parce que, quoi qu'on en dise, ils finiront par entrer dans le monde réel et ils ont intérêt à être sacrément armés !

J'ai donc commencé à lâcher prise, à montrer mon vrai moi (mais pas tout quand même pour ne pas les traumatiser), **et surtout à m'autoriser aussi ce côté enfant qui n'en fait qu'à sa tête.** Par exemple, quand j'ai appris à mes fils à jouer au ping-pong, j'étais d'abord très douce, à l'écoute, pédagogue (mais quel ennui de constamment voir la balle faire ping et jamais pong...) et à mesure qu'ils me renvoyaient les coups je me suis mise à devenir joueuse, voire cruelle sur certaines balles sans me soucier de la frustration générée sur mes enfants qui ne pourraient jamais les rattraper. Ça pouvait surprendre de me voir smasher sans aucune retenue sur mon enfant encore débutant mais, en réalité, ça le faisait beaucoup rire (rien qu'à voir mon visage illuminé par ce succès, même sans gloire), et il tentait toujours de faire le même coup juste après, ce dont les meubles, le plafond et les voisins peuvent attester. Certes, au bout de trois minutes, ça devenait n'importe quoi, **mais on avait partagé un moment de perte de contrôle et la connivence à ce moment-là était délicieuse. Je sortais de mon rôle et mes enfants aussi.**

Concernant les jeux de société, c'est la même chose. Je n'ai jamais réussi à laisser gagner mes enfants, sauf quand ils étaient vraiment tout petits. J'avais trop envie de gagner moi aussi et, au fond, je les trouvais largement capables de me dépasser. Je ne sais pas si ça donne confiance en soi, parce qu'on entend tout et son contraire là-dessus, mais ça a le mérite d'être authentique. Alors, si vous me voyez jouer au UNO avec eux, je vais hurler comme eux, être de mauvaise foi, parfois même tricher si je suis d'humeur taquine. Oui, je trouve que bien tricher est tout de même un art qui n'est pas donné à tout le monde. Bien sûr, je suis pour l'honnêteté mais, à mes yeux, la triche créative et astucieuse, c'est de la pure intelligence. Au Jungle Speed, j'ai donné autant de coups d'ongles que j'en ai reçus. S'ils se plaignent, je dis, « c'est le jeu » ! En tout cas, quand on joue, on rigole bien et je tiens à ces moments de pause dans l'autorité parentale. **L'espace d'une partie, mes enfants deviennent mes amis, nous sommes à égalité et j'arrive à être plus présente et plus détendue avec eux.** _

Quand tu fais un jeu avec tes enfants

Le jeu où tu t'éclates avec tes gosses, mais où tu peux aussi perdre un doigt.

Les bêtises, c'est pas si grave

Petit à petit, ce lâcher-prise a aussi pu me jouer des tours. Tous les parents ont déjà vécu ce moment où l'enfant arrive en pleurant, paniqué et honteux d'avoir fait ce qui est considéré comme une « grosse bêtise ». Un jour, alors que mon cadet était encore tout petit, et qu'il fallait être assez stricts pour qu'il intègre les règles de la vie en société, je suis montée dans sa chambre que je trouvais très silencieuse (toujours inquiétant, le silence…), parce qu'il me semblait que sa sieste durait bien longtemps… Là, je le découvre debout sur son lit, feutres en main, le visage recouvert de couleurs, le mur (blanc) également, le lit, les peluches, tout. Absolument tout y était passé, et il avait l'air immensément heureux, le sourire jusqu'aux oreilles, avec une expression de plénitude en total décalage avec ma vision trop rationnelle de parent appréhendant cela comme un carnage. L'espace de quelques secondes, j'ai hésité entre hurler et pleurer. Et puis, le comique de la situation m'a submergée et je suis partie dans un immense éclat de rire et un élan d'amour inattendu. Je trouvais ce qu'il avait fait génial, logique, créatif et finalement merveilleux. Au fond, je rêvais moi aussi de me lâcher sur les murs, de peindre tout et n'importe quoi là où on n'a pas le droit, d'exprimer mes émotions avec ce qui me tombait sous la main sans voir le mal nulle part.

En même temps que mon éclat de rire m'a libérée d'une grande pression et rapprochée de mon fils, je saisissais le caractère unique de ce moment et ne tardais pas à immortaliser d'une photo cet épisode épique. Bien sûr, une petite voix, celle que j'essaie de faire taire, me disait : **« Tu fais n'importe quoi ! C'est mal. Il a ruiné le mur, détruit les feutres, pourri ses vêtements ! »**

Mais non, en fait. Il venait de faire une expérience, et mon rôle était ensuite de lui expliquer que ses élans sont géniaux, mais que, la prochaine fois, je pourrais lui fournir d'autres supports plus adaptés.

Ce genre d'épisode m'est arrivé de nombreuses fois. Une fois qu'ils ont été plus grands, je m'enfuyais parfois aux W.-C. pour soulager mon fou rire et ne pas briser mon discours mécontent que je leur avais tenu pendant cinq minutes, parce que bon, c'était quand même n'importe quoi et l'autorité, c'est important.

À d'autres moments, c'était l'inverse, je les voyais arriver défaits, hurlant de douleur, envahis par les larmes, me montrant l'avion sur lequel ils venaient de marcher et le pilote... décapité. Les voir si tristes avec ce pauvre pilote qui ne ressemblait plus à rien me faisait changer de registre. Et puis, ils étaient déjà tellement punis par cette perte que je ne pouvais pas remettre une couche de colère. Et bim ! Je ne pouvais m'empêcher de sourire, puis de rire franchement : « Eh bien, dis donc, le pauvre, tu l'as décapité, on dirait ! » Voir le visage de mes enfants passer des larmes au sourire, d'abord timide puis franc, jusqu'à finalement ressaisir l'avion et son pilote sans tête pour en faire un héros encore plus surnaturel, c'était un moment formidable. Je n'avais pas crié, mon fils était calmé, et le jouet était sauvé et magnifié par cette anecdote inoubliable.

Tous ces petits moments de bascule créent le lien et les bons souvenirs de demain. Le lâcher-prise survient parfois dans des moments complètement incongrus que j'apprends chaque jour à saisir.

La rançon de cela, c'est que mes enfants ne se gênent pas non plus pour rire ou se moquer gentiment de moi quand je prends trop à cœur quelque chose qui ne justifie pas à leurs yeux tant de colère ou de tristesse. Aujourd'hui, ils arrivent eux aussi à me faire rire, et la frustration s'apaise presque immédiatement. _

Le plus dur quand ton enfant fait une énorme bêtise :

A: ne pas hurler comme un putois.

B: lui expliquer pourquoi.

C: ne pas exploser de rire.

Même plus peur du ridicule !

J'admire chez les enfants, en tout cas quand ils sont jeunes, leur capacité à ne pas avoir peur du ridicule. Je dis « jeunes », parce qu'une fois qu'ils deviennent ados, c'est fichu, la pression sociale est encore plus puissante que celle que nous ressentons adultes. Ainsi, ma belle-fille me confiait, après un impressionnant shooting de selfie pour être sûre d'avoir le cliché capable de maximiser sa popularité dans la classe (ils se suivent apparemment tous entre copains), que sa plus grande crainte était d'être mise en situation de ridicule. C'est vrai que ça peut être dur, même très dur. En CP (et pourtant déjà grande), assise sur ma petite chaise, très concentrée sur le cours, je fus un jour prise d'une terrible envie de faire pipi. Nous étions en plein problème de maths et je n'ai pas osé demander au maître d'aller aux toilettes. Je trouvais ça trop difficile d'attirer sur moi tous les regards pour une question aussi dérisoire et intime. J'avais peur du ridicule. Résultat, je me suis fait pipi dessus. Une goutte s'est éclipsée, ouvrant la voie aux autres qui n'avaient plus d'espace dans ma vessie compressée. Et tout a coulé, sur mes jambes, sur la chaise, puis sur le sol, avec moi au milieu, rouge et couverte de honte.

Pour échapper au ridicule, c'était raté. Je ne sais pas si c'est à ce moment-là que je me suis dit que s'affranchir de la peur du ridicule, c'était quand même un bel acte de liberté. **N'est ridicule que celui qui se sent ridicule. Quand on est ridicule avec panache ou désinvolture, ça a un côté exotique, fascinant.** Bon, O. K., il y a des situations où ça ne le fait pas du tout, mais pas aussi souvent qu'on le croit. De toute façon, avec mon rire, il allait bien falloir que je m'en affranchisse !

Et puis, quand on devient parent, on ne peut que se libérer de cette pression, du moins sous une certaine forme : tous les adultes, même les plus sérieux, se transforment en Bisounours attendris face à leurs enfants. Je n'échappe pas à cette loi de la nature, et je suis même un véritable désastre. Quand je vois mes enfants, même maintenant qu'ils sont plus grands, je leur parle comme à de petits animaux mignons. C'est drôle, parce qu'à ce moment-là, tout centré que l'on est sur la mignonnerie de nos enfants si choux, le ridicule, on s'en fout pas mal. **Au parc, il y a même comme un accord tacite entre parents du genre « tout ce qui se passe ici reste ici », parce qu'on sait bien que vu de dehors, c'est assez comique.**

Ah ! Si j'avais su

Avant, j'invitais des amis qui avaient de la conversation.

Maintenant, j'invite ceux qui savent faire la poule, la vache ou l'orang-outang pour amuser les enfants.

#PasPeurDuRidicule

LES ENFANTS SONT CAPABLES DE TOUT ENTENDRE

Les moments de délicieux craquages

Le seul problème quand je provoque des moments de douce folie avec mes enfants, c'est qu'ils partent vite loin, très loin, et que ça peut rapidement devenir l'hystérie collective. Évidemment, tout le monde rit, puis hurle, et ça finit toujours avec quelqu'un qui pleure. Je suis quelqu'un d'assez théâtral et j'exprime fortement mes émotions. J'en ai besoin, peut-être parce que je suis une femme, j'ai l'impression que ça m'aide à comprendre comment le monde fonctionne et à prendre du recul. Je suis particulièrement fan de la parodie et ce regard sur les choses transforme bien souvent ma vie, mais aussi la vie tout court, en vaste comédie. Il m'arrive de vivre dans un sketch et je raconte ce sketch le soir à la maison. Ça amuse beaucoup les enfants, qui, à leur tour, essaient de raconter leurs journées de la même façon. Et vous savez quoi ? **Non seulement j'ai enfin réussi à faire en sorte qu'ils me racontent leurs journées, leurs émotions et leurs impressions, mais je leur ai en plus découvert un vrai talent pour raconter les histoires.**

Un craquage, c'est souvent un peu la *lose*, et quand on la raconte, c'est franchement très drôle. Toute la table fait la même chose, et j'entrevois la face cachée du quotidien de mes enfants, l'accent ridicule du prof d'histoire-géo, l'attitude pincée du prof de maths qui ne change jamais de chemise, la voix d'oiseau de la maîtresse de CM1 et la façon de s'énerver du prof de gym. En filigrane, ce sont toutes les classes que j'arrive à imaginer, le contenu des bavardages entre élèves, les causes de rires dans la classe, en bref, leur univers. Vous n'imaginez pas le nombre de fois où je me suis dit : « Mon Dieu, je ne connais pas mes enfants. Je les imaginais calmes et réservés, obéissants et dociles [non, là, je plaisante] **et je découvre que ce sont des clowns, des pitres, et qu'il y a un autre "eux" que j'ignore. »**

Karma

Avec trois enfants à la maison, il y a toujours quelqu'un qui pleure.

Là, par exemple, c'est moi.

Des prouts pendant l'histoire du soir

Je découvrais que, pour une fois, c'étaient les enfants qui me divertissaient et pas l'inverse, c'étaient eux qui faisaient le show pour moi et pas moi pour eux, et ça, c'était un immense pas en avant et une bonne étape de gagnée.

> **Ah ! Si j'avais su**
>
> Tu sais que tu es parent quand, au moment de l'histoire du soir, **c'est toi qui t'endors le premier.**

Tous les soirs depuis qu'ils étaient tout petits, j'avais pris l'habitude, en mère parfaite que j'étais mais aussi en raison de mon goût pour la lecture (non, non, je ne voulais pas en faire de petits Einstein, ce n'est pas mon genre, voyons !), de leur lire une histoire qui me plaisait et dont je pensais qu'elle allait leur « ouvrir les chakras », éveiller leur esprit critique, nourrir leur goût pour les beaux mots, aiguiser leur regard sur l'esthétique. J'ai continué, bien après qu'ils ont su lire, même s'ils n'avaient plus besoin de moi pour s'envoler dans des aventures livresques. En réalité, ça me faisait plaisir à moi, tout simplement.

Au début, j'exigeais le calme et le silence, une écoute quasi religieuse, parce que c'était un moment de basculement vers le sommeil, un temps calme qui permettrait de faire retomber le niveau d'excitation de la journée.

Quand ils étaient tout petits, c'était bien sûr nécessaire et il était rare qu'ils m'interrompent, sauf quand ils ne comprenaient pas un mot. Je leur avais demandé de me poser les questions après mais pas pendant (dans l'espoir qu'ils oublient !). Puis, avec l'âge et mon lâcher-prise progressif, ce moment a pris une autre signification. Les enfants grandissant, l'attitude de chacun a forcément changé, et l'imprévu s'est invité à la fête. Un soir que je lisais *Le Feuilleton d'Hermès* (que je vous conseille fortement au passage) en donnant tout sur la ponctuation et la théâtralisation du texte, les quatre enfants, très concentrés, étalés autour de moi, l'ado de 13 ans a fait… un prout avec la bouche. L'espace d'une seconde, j'ai hésité entre lui demander d'arrêter ou même de partir si ça ne l'intéressait pas et me mettre à rire. Les enfants me regardaient en hésitant eux aussi sur la réaction permise. À ce moment précis, j'ai senti que deux voies s'ouvraient : celle du parent-gendarme et celle du vrai moi. Et même si j'étais fatiguée, même si j'avais juste envie que les enfants se couchent pour pouvoir poser mes fesses sur le canapé, j'ai craqué. Je n'ai pas seulement ri. J'ai renchéri et je me suis mise à faire moi aussi des bruits de prout avec la bouche, entraînant évidemment les enfants qui se sont tous mis à faire la même chose.

C'était du grand n'importe quoi, mais on a ri, on a ri !
(Et après, bien sûr, je suis allée lire Proust.)
Ces moments restent gravés en moi et font qu'on tient, qu'on trouve du sens dans tout cela, et nous redonnent de l'énergie quand on n'en a plus.

FAIRE TAIRE UNE FOIS POUR TOUTES LA MÈRE PSYCHORIGIDE

La folie douce, c'est contagieux

Petit à petit, les enfants grandissant, j'ai miraculeusement fini par trouver un équilibre entre le côté adulte responsable et le besoin de rigoler moi aussi, de craquer, de retomber en enfance et de partager ce « vrai moi » avec les enfants.

On a déjà parlé de l'avantage insoupçonné de la garde alternée, qui vous amène à vous entourer une semaine sur deux d'amis dans la même situation (libres !) et de laisser de côté les parents full time qui, coincés à la maison, ne pourront pas vous suivre...
C'était drôle, j'ai eu l'impression de reconstituer une bande de collégiens affamés de légèreté et ce nouvel instinct grégaire s'est déplacé sur les enfants.

On croit qu'ils ne vont être que déchirés, tristes et abîmés par la fin de la famille classique. C'est aussi le cas, ne le nions pas, mais ils découvrent en même temps un tout autre univers, pas forcément moins bon pour la construction de soi. Ainsi, les vacances qui, avant, se passaient plutôt à quatre ou avec les grands-parents sont devenus des moments de retrouvailles amicales avec un effet « bande » où des tas d'enfants vivant la même chose se retrouvaient le temps d'une semaine ou d'un week-end.

Et devinez quoi ! Non seulement les enfants ont rencontré des tas de nouveaux copains mais, en plus, je suis devenue beaucoup, beaucoup plus cool au contact de cet effet de groupe.

Par exemple, moi qui étais une psychorigide du coucher à 20 h 30 même en vacances, je me suis retrouvée à danser comme une adolescente et à entraîner mes fils, leur montrant des pas, les faisant virevolter chaque soir. Faire la fête avec ses enfants n'a pas de prix. C'était drôle de voir leurs visages découvrant l'autre facette de leur mère. Bon, comme prévu, ils m'ont dit au bout de deux minutes « Maman, tu es folle », parce que je dansais sur une table, oubliant quelques instants leur présence. Puis, comme pour me préserver, « Maman, tu es fofolle. Pas folle. »

Maintenant, à la sortie d'école, je ne sais pas pourquoi, mais entre parents foufous, on se reconnaît. —

Karma

C'est sympa de faire marrer les gosses.

Faut juste avoir 6 heures devant soi pour les calmer avant qu'ils ne détruisent tout le salon.

#FautRedescendre

Rembarrer la psychorigide qui resurgit en soi

Mes enfants découvraient une facette plus « cool » et, pour eux, sans doute un peu délirante de ma personnalité, et cela nous permettait de créer un lien plus riche et plus complet. Je découvrais leur expression festive, leur façon d'interagir avec d'autres enfants en dehors du cadre scolaire, et tout un tas de petits détails que j'ignorais d'eux. Mon grand, qui me semblait plus introverti s'est par exemple révélé être un vrai leader à sa manière, capable de mener un groupe de quatre ou cinq enfants dans une aventure inventée de toute pièce autour de dragons et autres êtres surnaturels. Il est passé maître dans l'art d'inventer des accents et presque des langages, en tordant les mots, en créant des expressions et en émettant de drôles de sons qui faisaient rire tout le monde. Peu à peu, les autres enfants se mettaient à parler comme lui. C'était incroyable.

Mais ne croyez pas que tout est parfait dans ma vie, et ces moments festifs sont de petites parenthèses enchantées qui mettent la mère psychorigide de côté uniquement pour quelques jours. Toujours à l'affût, celle-ci ressort dès que la fatigue est trop intense. Étrangement, cela dit, elle sort plus souvent en direction de mon entourage adulte, qu'il s'agisse du travail, des amis ou de mon conjoint, et les enfants passent entre les mailles du filet.

Parfois, j'ai envie d'être désagréable. Gratuitement. Comme si je n'avais pas rempli mon quota de mauvais caractère, et que si je ne l'exprimais pas ça allait me bouffer de l'intérieur. Tout m'agace. Le lave-vaisselle que personne n'a vidé, les miettes laissées sur la table du petit déjeuner, la chaussure qui traîne, le sel rangé au mauvais endroit... Et si, comme d'habitude, on est dimanche, que personne n'a rien rangé et qu'en plus, on se rend compte à 21 h 32 au moment d'éteindre la lumière qu'il fallait acheter deux cents fournitures, cueillir des fougères pour l'herbier ou aller chez le coiffeur parce que c'est la photo de classe et que mes fils commencent à avoir une coupe afro mais sans les cheveux qui vont avec, et qu'ils avaient « oublié » de le noter, ça peut péter assez fort.

Dans ces moments-là, plus rien ne me fait rire et j'ai envie de partir au bout du monde, sur une île déserte, surtout sans humains, et il vaut mieux me fuir pendant quelques heures, parce que, pire que psychorigide, je deviens psychopathe. **C'est seulement le lendemain matin, quand je raconte mes petites *loses* au bureau à la Team Epuisée qu'enfin j'en rigole, et qu'enfin je prends un peu de recul sur ces mini tracas pas très importants au fond.** _

Enfants magiques

Tout le week-end :
« C'est bon, on a fait nos devoirs ! »

Lundi, 7 h 59 :
« Ah, j'ai oublié, il fallait imprimer une photo
de Jules César et un tableau de Miró.
C'est pour ce matin, je vais me faire tuer ! »

#OnResteZen

PARENT ÉPUISÉ, MON EXUTOIRE

Comment j'ai adopté un regard décalé sur ma parentalité

Vous comprenez maintenant pourquoi je continue à mettre toute mon énergie dans Parent Épuisé, **parce que ça me fait du bien, que ça fait du bien aux autres et que je n'avais jusque-là trouvé aucun média qui me fasse déculpabiliser et rire de ma condition de parent.** Grâce à cette mise en abîme de ma vie, j'en ai fait une joyeuse comédie, un grand sketch universel où chacun peut se reconnaître à travers mes anecdotes, de la même manière que j'adore découvrir les anecdotes des uns et des autres et m'y reconnaître à mon tour, et je ris de savoir que nous vivons tous plus ou moins la même chose.

Quand j'ai monté Parent Épuisé, j'étais en plein divorce, j'affrontais la garde alternée, j'avais dû déménager à trois dans un 36 m² parisien qui coûtait le prix d'une grande maison en province parce qu'on n'a vraiment rien compris à la vie dans ce département, je n'avais aucune garantie de revenus parce que j'étais entrepreneuse et que je n'avais ni droit au chômage ni à rien du tout, et cette aventure a donc été en soi une pure folie dès le départ.

Mais j'étais portée par le sens de ma démarche, par vos cinq cent mille partages en un jour dès la première infographie, par vos témoignages qui me confortaient dans ma certitude qu'il y avait une voie à montrer, un message à faire passer, des parents à soulager.

Mettre en abîme avec humour des événements de ma vie parfois lourds, mais néanmoins drôles avec du recul, m'a profondément renforcée, enrichie, et a débloqué en moi une énergie positive hallucinante et en partie insoupçonnée.

Sans parler du fait que ce projet a fait de mes enfants les meilleurs alliés de ma vie professionnelle, et non des freins comme cela arrive dans beaucoup de cas.

Aujourd'hui, je peux le dire, l'humour et ce regard décalé m'ont clairement permis d'échapper au burn-out parental, et d'ailleurs au burn-out tout court. Parce que des raisons de faire un burn-out, j'en ai eu des tas ! Et je peux aujourd'hui le partager avec vous sans tabou, sans maquillage et sans mensonges.

C'est pas compliqué d'être un bon parent. Il suffit de :

- ☐ Avoir du temps et de la patience
- ☐ Avoir des parents à côté et dispos
- ☐ Avoir des voisins compréhensifs
- ☐ Avoir des sous et un bon job
- ☐ Avoir une femme de ménage, une nounou et un cuisinier

Facile, quoi !

Ma dream team : la fameuse « Team Épuisée »

Pour conclure, j'aimerais vous parler de ma fameuse Team Épuisée. J'ai toujours fait en sorte de créer les conditions d'un travail joyeux, authentique et fédérateur. Tous les matins (sauf quand j'ai été réveillée plusieurs fois pour une gastro par exemple), je me rends au travail avec plaisir, et je suis ravie de partager l'aventure avec les autres femmes et hommes qui se sont retrouvés dans le projet. Je regrette un peu que peu d'hommes osent encore s'impliquer sur ces questions, puisque nous n'en comptons qu'un seul sur une équipe de sept, mais je tiens à saluer l'implication des femmes (et de l'homme !) qui constituent cette Team si particulière.

Dès le début et malgré l'absence de moyens, j'ai reçu de nombreuses sollicitations, de nombreuses candidatures de mères désespérées mais hyper créatives qui voulaient se joindre au projet. L'une d'entre elles en particulier nous a fait parvenir une lettre de motivation des plus motivées. Pour elle, travailler chez Parent Épuisé, c'était le Graal, parce qu'elle avait impérativement besoin de souffler avec ses enfants petits et très rapprochés, et qu'elle avait déjà subi un baby blues et un premier burn-out parental. Elle nous a rejoints, bien sûr, c'était une évidence. Elle arrivait ici et elle nous racontait des anecdotes de sa vie, parfois dures, mais toujours avec beaucoup d'esprit, et avec le sourire, et ces moments difficiles se transformaient en joyeux partage. Au moment où j'écris, elle a dû faire une pause pour affronter de nombreux défis personnels avec ses enfants, mais elle reviendra, et son histoire est tout à fait emblématique de la cause que nous défendons.

Ainsi, non seulement Parent Épuisé soulage de nombreux parents par ses contenus, mais également la Team elle-même, à 98 % composée de parents épuisés, de vrais parents qui ne sont pas en burn-out, mais qui connaissent tous les défis de la parentalité dans le monde actuel. Pour ce qui est des 2 % restants, a priori elle ne voudra jamais d'enfants, mouahahah !

C'est un formidable moteur, et je suis immensément fière que mon travail ait du sens et de faire du bien à toutes ces personnes que je ne connais pas mais avec lesquelles nous partageons quelque chose d'essentiel.

—

Karma

J'ai amené ma fille chez le psy.

Il m'a dit de revenir la semaine prochaine.

Sans elle.

Quoi ? Vous ne connaissez pas Parent Épuisé ?!

Avec cette Team que je chéris, nous avons réfléchi, gambergé, brainstormé, discuté, échangé et concocté petit à petit tout un écosystème « épuisé » avec des contenus drôles, les fameuses punchlines que vous connaissez sans doute (Quoi ? Vous n'avez jamais vu ? Foncez sur Facebook ou Instagram et abonnez-vous à notre newsletter !), mais aussi des jeux et des livres pour soulager les parents, amuser les enfants, bref, accompagner les familles d'aujourd'hui. Dès le début de l'aventure, nous avons lancé un premier jeu baptisé « Kit de survie du parent épuisé », qui consistait à proposer des gages imagés à donner aux enfants quand ils étaient relou pendant le trajet en voiture, parce que moi, quand les enfants étaient petits et que je prenais la voiture avec eux, je stressais trois jours avant en sachant qu'ils allaient me faire vivre un enfer. Évidemment, ça commençait au bout de trois minutes. « C'est quand qu'on arrive ? » J'avais bien envie de répondre « JAMAIS, SI TU CONTINUES » en plus vulgaire, mais non, je répondais d'abord avec patience et pédagogie, puis avec agressivité (soit je hurlais, soit je mettais la musique à fond) ou alors je leur faisais directement du chantage aux bonbons, qui ne marchait pas très longtemps.

Alors, pour ne pas subir les départs en vacances comme la montée des marches de l'échafaud, je me suis dit qu'il fallait quelque chose pour les canaliser.

Nous avons mis au point ces 54 gages rigolos et ludiques à faire en voiture pour les occuper longtemps, et c'était au moins ça de gagné.

Ça me fait rire, parce qu'au début les grands pontes du marketing me répétaient sans cesse que « Parent Épuisé », c'était un mauvais nom, trop négatif, et que cela ne pourrait pas marcher. Ils étaient persuadés que pour vendre, il fallait proposer du rêve, bref, mentir. J'aurais dû mettre « Parent au Taquet ».

Pour une fois, j'avais envie de prendre le contrepied de toutes ces pages de parents parfaits ou de parents heureux, parce que je trouve que ça exclut beaucoup de parents et que ça occulte une bonne partie de ce qu'est vraiment l'aventure parentale. Sans parler du côté trop « maman » qui me gênait, parce que si on veut faire changer les mentalités et qu'enfin les pères s'impliquent autant que les mères, il faudrait peut-être les inclure dans l'histoire.

Bref, vous l'avez compris, Parent Épuisé, c'est une aventure vivante, humaine, authentique, et tous les jours on se défonce pour trouver des contenus justes, des produits qui rendent vraiment service, facilitent la vie des parents et transforment les moments pénibles en moments fun.

En conclusion, quoi qu'il arrive et quoi qu'on en dise, rassurez-vous et rappelez-vous cela : être un parent épuisé est un pléonasme. Il y a ceux qui l'avouent et se l'avouent, et ceux qui n'en ont pas encore pris conscience, mais on est clairement tous dans le même bateau.

Alors, faites-vous confiance, n'écoutez pas trop les conseils et les recettes toutes faites, écoutez votre moi intérieur et assumez ce que vous êtes, cet être unique qui aura sa façon bien à lui de transmettre ses valeurs, ses rêves, ses failles, et bien sûr son amour.

Oui, vous êtes et resterez le punching-ball de vos enfants, mais en même temps on a fait la même chose avec nos parents, et le plus important est d'en rire, parce que tout cela est drôle et que le bonheur et la vraie vie ressemblent forcément à un joyeux boxon.

Vous serez défaillants, évidemment, comme nous tous, mais c'est une excellente nouvelle, car c'est ça qui vous rend attachants et intéressants, uniques. Alors on se lève, on rigole un bon coup et place à la vie et au boxon familial sans complexes ! _

Remerciements

Je remercie pour la création de ce livre toute la Team Épuisée (dans l'ordre chronologique Elisa, Pitch, Anne-Capucine, Alba, Pauline, Delphine, Marie, Marion) sans qui je n'aurais jamais réussi à transmettre tout ce que j'ai pu vivre, observer, expérimenter dans le but de vivre une parentalité plus joyeuse et avec moins de pression.

Je remercie tous ceux qui me soutiennent depuis le début, mon amoureux Benoît, mes enfants Melvil, Eloi, mes belles filles Morgane et Maëllis, mes parents, mes sœurs, ma meilleure amie Marion bien sûr, et tous mes amis pour leur joie, leurs rires, leur folie.

Et bien évidemment toute la team Webedia Books pour sa confiance et son professionnalisme, Aurore Charoy, Élise Peylet.

Et enfin, je remercie toute la joyeuse communauté des parents épuisés qui nous suivent depuis le début ou récemment, qui me guide chaque jour pour creuser davantage les moyens de cette parentalité fun et décomplexée !

Directrice :
Aurore Charoy

Éditrice :
Élise Peylet

Conception graphique :
Le Bureau des Affaires Graphiques
Chloé Hart

Couverture :
Anne-Capucine Gonon

Illustrations :
Parent Épuisé

Responsable marketing & communication :
Margaux Penfornis
margaux.penfornis@webedia-group.com

Imprimé en UE par Leporello.
ISBN : 978-237945-042-6
Dépôt légal 1er trimestre 2020

2 rue Paul-Vaillant-Couturier
92532 Levallois-Perret Cedex